诗
想
者

H I P O E M

170 本文学图书　170 种阅读意见　170 条购买指南

一份独具慧眼的经典作品购物单

购 书 单

小说和小说家

秦巴子　　　　　著

广西师范大学出版社
·桂林·

图书在版编目（CIP）数据

购书单：小说和小说家 / 秦巴子著. —桂林：广
西师范大学出版社，2020.5
（诗想者·读经典）
ISBN 978-7-5598-2733-3

Ⅰ．①购… Ⅱ．①秦… Ⅲ．①读书笔记－中国－
现代 Ⅳ．①G792

中国版本图书馆 CIP 数据核字（2020）第 048976 号

广西师范大学出版社出版发行
（ 广西桂林市五里店路 9 号　邮政编码：541004 ）
　网址：http://www.bbtpress.com
出版人：黄轩庄
全国新华书店经销
广西广大印务有限责任公司印刷
（桂林市临桂区秧塘工业园西城大道北侧广西师范大学出版社
集团有限公司创意产业园内　邮政编码：541199）
开本：889 mm × 1 194 mm　1/32
印张：8.5　　字数：190 千
2020 年 5 月第 1 版　　2020 年 5 月第 1 次印刷
定价：68.00 元

如发现印装质量问题，影响阅读，请与出版社发行部门联系调换。

缘　起

经典作品总是常读常新，其魅力不会因为时间的流逝而削弱。阅读经典，不仅能拓宽我们的知识面、开阔视野、增强思想的深度，更重要的是，经典作品能够延展我们生命的维度和情感的纵深，让我们度过一个更有意义的人生。因此，任何一种经典，都值得我们穷尽一生去阅读，去领会，去思索。

作为"诗想者"品牌重要组成部分的"读经典"书系，以对文学艺术领域的经典作品、代表性人物的感受和介绍为主。所选作者，多为具有突出的创作成就的作家，他们对经典作品的感悟、解读、生发、指谬，对人物的颂扬与批评，对"伪经典"的批判，均秉承"绘天才精神肖像，传大师旷世之音"的宗旨。在行文造句中，力求简洁、随和、朴实，不佶屈聱牙、凌空蹈虚。

做书不易，"诗想者"坚持只出版具有独特性与高品质的文学图书，更是充满孤独与艰辛，但对文学的这一份热爱，值得我们不断努力。"读经典"书系既是对古今中外杰出作家与作品的致敬，也是对真诚而亲切的读者的回报，同时，我们也期望通过这一系列图书，为建设书香社会尽绵薄之力。

广西师范大学出版社

2018 年 9 月

关于购书单

就文体而言，这些文字应该属于典型的随笔，每购新书，读过之后，随手记下。或者是购书因缘，或为阅读心得，有时也对时下之文学发点感叹，短则一语了之，长也不过千字，文字无限制，文章亦不论体例，故曰随笔。

记得早年间所收孙犁先生作品中，有一册《书衣文录》，那个年代读书人买回来新书喜欢包个书皮儿，孙先生谓之为书穿衣，随手在这书皮儿上记点买书与阅读的文字，后来结集为《书衣文录》，我这个购书单文字，大致颇类于此吧。这样写下来的文字，原本并没有准备发表，只是在电脑里集下一些，便集中起来放在自己的博客上，名之曰"购书单"。原为保存之用，几年下来，竟成博客里的一个栏目，尤其是常有朋友说此"购书单"已经成为他们的买书指南，凡我所列，他们都照单买上一份，有此意外之效果，我颇感欣慰。

收入此集的一百多篇文字，主要是从我的"购书单"中择出的小说部分。专择一类，也是为了让这本书有个主题。需要说明的是，这并非近年购书之全目，也非近年所购小说之全目，我的买书读书，买回未读的还有相当部分，读而未写随笔文字的也有相当部分，所以这个购书单就相当的随机和私人，而这随机和私人或可谓此书之特点乎？

　　书中目次的编排，是依了作者姓名的字母次序，这样就把同一作者的书目集中到了一起。看起来似乎是照着同一作家趸回来一堆书的样子，其实一个书生买书并不会那么豪迈，有些作家的书甚至是多年集累等待才买齐了的。这有点像集邮中的生肖套票，没有时间和累积是成不了套的。我想说的是，目次与购买时间和阅读时间无关，按字母次序排列完全是电脑完成的。

　　集子中的书目，绝大多数为外国当代小说家的小说，很少的几本创作回忆和评论以及更少的几本中国当代小说。这大致也体现了我阶段性的小说阅读趣味，也是这本书私人性的一种表现吧，估计有同好者会从中看出点什么来也未可知。

　　以前看到过很多大家名家给学生或者给公众开出的书单，那是特意面向公众开出的一种书单，有大家名家的个人见地，但更多的还是体现出了一种知识的体系性，如通常所见的某某专业必读书目之类，而我这个"购书单"，实在是太随机太私人了，不足与大家名家之书单相比，只可私下里看看罢了。

　　此为序。

秦巴子

2019 年 11 月 13 日

目 录
Contents

Z

终结的感觉

巴塞尔姆的
白雪公主

SNOW WHITE

Schweigeminute

默哀时刻

The Story Begi

故事开始了
文学随笔

乡村
生活图景

柠檬桌子

太古和其他的时间

朋友之

耳证人

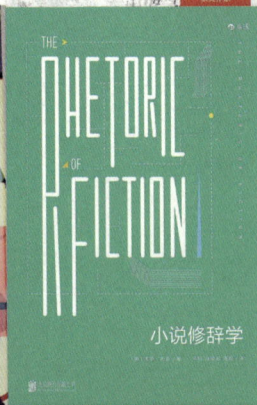

THE
RHETORIC
OF
FICTION

小说修辞学

Umberto Eco

一位年轻小说家的自白
艾柯现代文学演讲集

WINTER
JOURNAL
Paul Auster

冬日笔记
保罗·奥斯特 作品
btr 译

The White Hotel

白色旅馆

FORTY STORIES

巴塞尔姆的
40个故事

此时此地

Orhan Pamuk

The Naive and the Sentimental Novelist

天真的和感伤的小说家

A

[加拿大] 阿利斯泰尔·麦克劳德 著

陈以侃 译   上海文艺出版社

《海风中失落的血色馈赠》

　　把这位一生只出过两本薄薄的短篇小说集和一部长篇小说的麦克劳德先生，称为"世界短篇小说大师"，不能不让人感到有些吃惊，同时也令我充满了好奇，尤其是在出了门罗、阿特伍德、科恩这样的大师的加拿大，而麦克劳德又和他们同属一代人。但是当我怀着好奇夹着怀疑开始阅读之后，马上就被吸引了，而当我读完他的第二部短篇——《黑暗茫茫》，一个十八岁出门远行的小伙子的故事——的时候，我已经相信这位短篇小说大师绝对不是浪得虚名，他只是太过节俭了不愿意多写吧，我想。《海风中失落的血色馈赠》这本书里的七个故事都发生在加拿大一个偏僻的小岛布雷顿角，那里有古老的煤矿，麦克劳德童年时曾经身在其中，作为一个见证者，他为我们讲述着那里的生活。他的故事几乎是以不动声色的方式起伏着，沉重、绵密、随意，同时有着巨大的张力。麦克劳德似乎有一种独特的叙事才能，他能够准确、简洁却又出人意料地传达出生活的细节，如果细加品味，就能发现它们甚至有着警句般的力量，而这样的句子在小说中比比皆是，这些句子所包含的人生况味令他的小说有一种静默的精彩。"当你把文字用正确的、通神的顺序排列之时，纯粹有限的化作无穷，地方化的消弭边界，沉寂的发出声音。"（乔伊斯·卡罗尔·欧茨语）麦克劳德这本集子里的每一个短篇，都有一个看似不经意的准确而又迷人的开笔，并且能够持续地把这种精彩延续到篇终。难怪一众小说大师如爱丽丝·门罗、迈克尔·翁达杰、科尔姆·托宾、乔伊斯·卡罗尔·欧茨会对他赞赏有加。

[以色列] 阿摩司·奥兹　著

钟志清　译　　译林出版社

《朋友之间》

　　以色列的基布兹类似于 20 世纪中叶社会主义国家中的农业合作社和集体农庄，大家住在一个基布兹里共同劳动，有人专门做饭，有人专门管孩子，有人专门管维修，有人专门洗衣服，这种生产和生活组织方式有着极强的理想主义色彩。基布兹的建立，大概始于犹太人开始从欧洲向阿拉伯地区转移的时候，面对恶劣的自然环境以及当地人的袭击，以集体的力量来进行抵御是自然甚至可能是不得已的选择。这和半个世纪前的中国工厂里年轻人结婚是为了分到房子，而且两个人合伙过日子总是比一个人更节省一样，但是随着经济的发展和社会环境的改变，当年因为物质而结合的人，后来或者貌合神离地将就着继续过日子，或者干脆选择了离婚。以色列的基布兹现在的情景也和中国 20 世纪的这种婚姻差不多。

　　奥兹从小在基布兹长大，对它充满了感情也有着非常深刻的了解，他的许多作品都以基布兹为背景，包括他最著名的《爱与黑暗的故事》。其处女作短篇小说集《胡狼嗥叫的地方》写的就是基布兹的故事，那是基布兹的盛年，而这部最新作品《朋友之间》同样是写基布兹，却是走向式微、黄昏时的基布兹的故事。集子中八个短篇，各有其妙，同时人物又互相穿插，构成了一个正在走向衰落的基布兹的整体图景。基布兹的本质是集体生活和生产，而现在生活在基布兹的人，更多的却是充满了寂寞与孤独，这种生活方式与个体、个性之间的冲突，在奥兹洞幽烛微的笔下，又是微妙的，是静水流深的，是一些人的无奈与另一些人的自觉的迁徙与挪移。基布兹这种带有乌托邦色彩的组织大概快走到它的尽头了，而一个杰出的小说家，恰是能够敏锐地发现并传达这种变化中人的处境尤其是人性与精神状态的微妙动态的人。

《朋友之间》写得不动声色，随意从容而又细致入微，如同在述说村子里邻居们的家长里短，读来甚至不像是在读小说，而是在听一个老人聊天说人说事儿。也许只有臻于至境的大师，才会把小说写得如此炉火纯青，这让我想起契诃夫那些不著名的短篇，想到加拿大的门罗，想到爱尔兰的特雷弗，真正好的滋味纯正的短篇小说，大概就是这个样子吧。正像当代英国小说大师朱利安·巴恩斯所说，小说家不是"针对"主题和素材写作，而是"围绕"主题和素材写作。而对于已经活到快八十岁、写了半个多世纪、出了四十本著作的奥兹，大概只需要"围绕"着自己写作，就能令人赞叹不已了，2018 年的这本最新作品，即是证明。

[以色列] 阿摩司·奥兹　著

钟志清　译　　译林出版社

《乡村生活图景》

　　奥兹是我最喜欢的在世小说大师之一[①]，作为一个专注于小说的人，他一直在不遗余力地挖掘自己的个体生命体验和自己的土地上的生活与生存，作为一个始终面向生活的小说家，他几乎写出了一个奥兹的以色列，一个奥兹的人性图谱。这是我喜欢他的原因之一，当然，还有他对小说表达的可能性的不断探究。比之于前一本短篇集《胡狼嗥叫的地方》，我更喜欢这本《乡村生活图景》，八个短篇，把生活在特里宜兰村的人们，活画在我们面前，然后，更重要的不是风俗画与风景画，而是那些人，他们一无所获地追寻着，孤独地等待着，同时又在对绝望的绝望中，延续着人生。虽然我很不愿意使用"高级"这个词，但我还是想说，这样的小说才是高级的。这是一部短篇集子，但我以为，它构成了一个新文体意义上的长篇小说。

---

　　①作者编选这本集子的时候，奥兹（1939年5月4日—2018年12月28）已经去世。

[以色列] 阿摩司·奥兹 著

钟志清 译 浙江文艺出版社

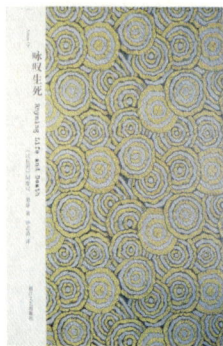

《咏叹生死》

　　阿摩司·奥兹是近年来诺贝尔文学奖的热门候选人，已经获得多次提名，并且呼声一直不减。国内此前已经出版有他的小说《爱与黑暗的故事》（译林版）、《了解女人》（译林版）、《我的米海尔》（译林版）、《黑匣子》（上海译文版），这本《咏叹生死》与他以往缜密细致、扎实也相对传统的小说叙事不同，这次是一个看似随意的结构，却有着更特别的哲学意味，也显出了作家臻于自由之境以后的自在与从容，虽则只有六七万字，但是内蕴的厚重未减分毫。

[以色列] 阿摩司·奥兹　著

杨振同　译　　译林出版社

《故事开始了》

　　"开始讲一个故事，就像在餐馆和一个素昧平生的人调情。几乎每个故事的开头都是一根骨头，你用这根骨头逗引女人的狗，而那条狗又使你接近那个女人。""他们开始眉目传情，故事也就开始了。"这是奥兹对小说开头的定义。他在这本书中，分析了十部小说的开头进而分析了这十部小说。这貌似是写给作家阅读的书，其实是他在一些中学和大学里对学生所做的关于小说的演讲的讲义，所以它同时也是给读者写的，让读者懂得如何去阅读小说。但是在我看来，读完此书的时候，我强烈地感觉到，奥兹既不是给作家写的，也不是给读者写的，而是他自己作为一个小说家在跟大家分享阅读小说的快乐，与玩游戏的快乐类似。

　　同时买到的还有译林出版社新版的奥兹四部长篇：《费玛》《沙海无澜》《一样的海》《地下室里的黑豹》，加上前些年陆续所购《爱与黑暗的故事》《了解女人》《我的米海尔》《黑匣子》《胡狼嗥叫的地方》《咏叹生死》，奥兹的主要作品已基本被我纳入书橱。

[美] 阿瑟·米勒 著

林斌 译 人民文学出版社

《存在》

　　阿瑟·米勒是美国 20 世纪伟大的戏剧家，他的《推销员之死》已经成为毫无争议的经典，他娶了被称为史上最性感的女明星玛丽莲·梦露……这些一直以来被不断传诵的不朽声名伴着同样被不断放大的八卦消息，让我们完全忽视了作为小说家的阿瑟·米勒，实际上他一生都没有停止过小说写作。作为杰出小说家的阿瑟·米勒，即便到了晚年，早已离开了戏剧，却仍然没有放弃小说。《存在》出版的时候，2007 年，阿瑟·米勒已经去世两年了，这是他生前发表的最后一批小说的结集，这些写于作家暮年的小说，有着一种对人性最为通透的理解，这些短篇所呈现的时间感中，包含着历经沧桑的生命感觉，自然、流畅而充满了人生的起伏，没有丝毫的做作，更没有戏剧式的腔调，这是一个活到古稀之年的、领受过巨大的荣誉和作为男人征服了最美丽性感的女人的小说家才会有的自然与从容，同时却不失小说家的激情。也许这就是"存在"的本相？

[法] 阿尔贝·加缪 著

梁若瑜 译 上海文艺出版社

《快乐的死》

　　这是未收入《加缪全集》的小说处女作，主人公的名字是我们熟悉的梅尔索，这个名字后来又出现在他的名作《局外人》中。小说处女作《快乐的死》在加缪死后才出版，也许是他生前不愿意让这本书面世吧，他对自己的作品太挑剔了，他的并不算很大的文学产量也间接说明了这一点。这个故事很简单，梅尔索帮助一个失去双腿的有钱人结束他的生命并且得到了一大笔钱，而那个没有双腿的人之所以要快乐地离开人世，是因为他在二十年前为了金钱不择手段，而得到金钱的他，二十年来从未用到过那些钱。梅尔索得到这些钱于是可以不工作了，有钱而且有闲，这是人们通常认为的快乐生活的基础。梅尔索都有了，但他并没有找到快乐，后来郁郁地死在了病床上。加缪在处女作里就已经表现出了他后来小说的特质：客观，冷静，近乎残忍的不动声色和极其细致的叙事耐心。同时也早早就显示出了他作为一个小说家的哲学气质。二十四岁，写出这样的作品，很显然，大作家从一开始就是不同凡响的。

［英］埃利亚斯·卡内蒂　著

徐庆　译　　上海文艺出版社

《耳证人》

　　这是一本典型的大师小品。在我的泛朋友圈里，可能很多人都不记得卡内蒂这个名字了，因为聊天的时候鲜有人提及这个名字和他的杰作《迷惘》。然而，当我们谈论文学的时候，我们在谈论什么呢？谈论当下的文学时尚和文人之间的矛盾争斗以及八卦。这很可笑，但这就是所谓文学圈的现状。实际上，我们离大师有多远，我们的文学离伟大就有多远，我们的文学和作家，现在更渴望并为之努力的是成为电影或者电视剧投资人眼里的价值 IP，大 IP，巨型 IP，但我以为这并不是文学，起码这不是伟大的文学。《耳证人》其实是一个镜子，一个折射人性的多棱镜，几乎能照出我们每个人的影子——我们整个社会的每个人，不止文学圈中人——的影子，能让我们看到自己的角色与面目。有评论说卡内蒂通过这本书"发明"了五十种性格，我觉得倒不如说，他发现了五十种社会人格，我们每个人，多少都占着其中的几项。读这本书像照镜子，有助于认识自己。

[意]安贝托·艾柯 著

李灵 译 广西师范大学出版社

《一位年轻小说家的自白：艾柯现代文学演讲集》

这是一本有趣的书，由艾柯在美国埃默里大学现代文学讲座上的四篇讲稿构成。做这个讲座的时候他已经七十七岁了，却自称是"一位年轻小说家"，他的意思是，他是个小说写作新兵，从发表第一部小说《玫瑰的名字》到他做讲座的时候，他的小说写作年龄才二十八岁。艾柯其实首先是个学者，文化学者，历史学者，符号学家，在写小说之前，他已经著作等身了；小说不过是他顺便操起的另一杆笔而已。此书由四篇演讲构成：第一篇讲他自己的小说和写这些小说时的想法和经验；第二篇分析小说的读解方式，这已经进入符号学范畴了；第三篇是关于小说人物的一些评论，专门分析安娜·卡列尼娜之死的真实性，完全是关于能指与所指的分析方法实践；第四篇谈小说中的清单，清单就像相声中的报菜名，看似无意义却有意思。一个符号学家用符号学方法研究小说，而他自己同时又是一个后现代小说家，他的符号学分析多少又带着些后现代的味道，所以这本看似很理论的书，读起来却妙趣横生——当然，必须得能读进去才能体会到。

［土耳其］奥尔罕·帕慕克　著

尹婷婷　译　　　上海人民出版社

《红发女人》

　　帕慕克的最新长篇小说，以一个挖井人和他的徒弟在荒野里找水的故事，展开了关于父子冲突的古老主题，而小说中被不同的人不断讲述的《俄狄浦斯王》和《鲁斯塔姆与苏赫拉布》的故事，像一个嵌套一样一直埋伏在小说中，同时又像一片挥之不去的云雾氤氲在整个故事的上面，让杀父与杀子的古老情结变成了一部当代土耳其生活的对位叙事。帕慕克说这部取材于一场真实谋杀案的小说，是要探索父与子、权威与个体、国家与自由、阅读与观看等一系列理念，我把这样的小说称为对读者开放的有张力的小说，小说意蕴远远超过了小说中的故事。而这部《红发女人》不仅如此，它同时还有着巧妙的结构与戏剧冲突，环环相扣的嵌套式结构有着极强的可读性与吸引力，巧妙设计的各种巧合也让故事情节有了绮丽诡异的味道，也许伊斯坦布尔这个古老又年轻的东西方交汇的城市，本就有着这样的生活底色？虽然故事与历史文化原型的对位有点牵强，不过应该说这还算是一本迷人的小说。不过帕慕克的夫子自道可能更符合我对现代小说的理解。他说："我喜欢强有力的情节，我喜欢戏剧性，但情节和戏剧性都不构成小说。它就像树干一样将成千上万片树叶连接在一起。我对树叶更感兴趣，但我们需要树干来将它们连在一起，从而体会意义，感受树之美。但归根结底，我关注细节，也就是树叶，成千上万的树叶。这是我们看待人生的态度。"

［土耳其］奥尔罕·帕慕克　著

彭发胜　译　　上海人民出版社

Orhan Pamuk

The Naive and the Sentimental Novelist

天真的和感伤的小说家

［土耳其］奥尔罕·帕慕克 著

彭发胜 译

《天真的和感伤的小说家》

　　与卡尔维诺的《新千年文学备忘录》、艾柯的《悠游小说林》一样，这又是一本哈佛大学诺顿讲座的讲稿，帕慕克此书的不同之处在于，他是以个人的小说阅读和写作经验为基础，解释并分析了小说家在写小说时的内心活动，关注并论述了他称之为小说的"中心"的"天真表达"，同时又分析了对"天真表达"的怀疑而生的"感伤——反思"型的表达。小说写作与小说阅读的迷人之处也正在其中，帕慕克因此认为小说是永恒，让我们读小说吧。对于一个小说写作者来说，这本小书则另有小说学的意义——虽然这并不是一本理论著作。

[波兰] 奥尔加·托卡尔丘克　著

易丽君　袁汉镕　译　　四川人民出版社

《太古和其他的时间》

　　2017 年夏天买这本书的时候并不知道托卡尔丘克在西方有多著名，更不可能料想到她会在 2018 年获得诺贝尔文学奖，当时只是被她这本书外在的结构方式所吸引。用八十四块时间的碎片，构筑了一个虚拟的地方太古近百年的历史变迁，如此长的时间跨度以及几个家庭几代人的生活，如果不是这种独特的结构方式，是无论如何不可能在不到二十万字里讲出什么名堂的，仅就这一点而言，作为小说家她就很了不起了。但我当时并没有读完整本书，在我看来，有很多书并不需要一字一句地读完，了解了我想了解的就已经够了，所以这本书对我来说，就是了解了有人用这种方式书写历史，而已。

　　2018 年诺贝尔文学奖公布那天，我才又把这本书翻出来，把 2017 年未曾读完的书重读了一遍，坦白地说，评论所说的什么魔幻以及现实主义之类，我并不以为然，我觉得倒不如说作者更善于运用童话方式来讲故事。当然，用童话的方式讲述残酷的现实生活，这本身就构成了一种反差或者说得动听一点，达至了一种独特的文学张力，诗意的甚至不无一点创世意味的张力，对于喜欢平铺直叙讲故事的笨拙方式而言，托卡尔丘克的方式是太有奇效了。至于说到她的小说写作对传统宏大叙事的放弃，而更关注个人和个人性，这难道不是文学尤其是小说本来就应该有的样子吗？只是我们的文学被所谓宏大叙事掳走太久了，才会觉得放弃宏大叙事也是值得一说的特点吧。有一些小说家和评论家所谓的现实主义，其实本质上不过是宏大叙事和虚假浪漫主义的混合体，当然经常还掺杂了主题先行式的政策解读，相比之下，托卡尔丘克这样的倒是更现实主义——比19世纪的经典现实主义更进一步的小说文体学意义上的现代现实主义之一种吧。

我阅读、认识并理解她的方式，但她并不是我喜欢的小说家类型，无论她是否获得了诺贝尔文学奖。相比这两年先后离世的菲利普·罗斯、阿摩司·奥兹，以及仍然健在且同为女性小说家的乔伊斯·卡罗尔·欧茨、玛格丽特·阿特伍德（好在2019年的曼布克奖非常及时地颁给了她）等众多博彩公司诺贝尔文学奖名单上的陪跑者，托卡尔丘克的作品仍然显得有些年轻、稚嫩，也不够深厚，不过那是诺贝尔文学奖评委们的事情，诺贝尔奖不过是一个比较权威的文学奖而已，不必太过在意，很多殿堂级的文学大师并没有得过这个奖。

[法] 奥利维埃·亚当　著

陆洵　译　　人民文学出版社

《边缘》

　　《边缘》的作者是法国的"70后"作家，我买这本书的初衷就是想看看法国的"70后"作家会把小说写成什么样子，当然这书被评为人民文学出版社"21世纪年度最佳外国小说（2013）"之一也是买它的原因。"边缘"在这部小说里是多重的，主人公在巴黎边缘长大，生活在底层和所谓上流社会之间，和妻子分居但又保持着联系，婚姻的困顿与爱情的虚妄交织，写作的同时又厌倦写作……其中有说不清的对抗、分裂与隔膜，而他到底想要如何呢？我觉得《边缘》这部颇有自传色彩的小说，写出了一个法国青年人的真实生活；进而我比较了一下读过的中国"70后"的小说，我觉得他们写出了一些虚假的生活。也许在艺术上，写出真实生活和写出虚假生活，并没有高下之分，反正都会有相应的艺术效果，但我个人更喜欢也更欣赏能够写出真实生活的小说，这关系到一个作家的内在品质和精神纯度。

B

[美国]保罗·奥斯特 [南非]J.M.库切 著
郭英剑 译 译林出版社

《此时此地》

　　库切和奥斯特都是世界知名的大作家，比奥斯特大七岁的库切更堪称文学大师，他在 2003 年获得诺贝尔文学奖，他也是第一个两次获得曼布克奖的作家（加拿大女作家玛格丽特·阿特伍德是第二个两次获得该奖的作家）。此书的有趣之处在于，两位大作家都是不爱与人过多交往的人，远离人群，不喜欢聚会和公共活动，喜欢待在自己的家中或者工作室，库切甚至两次都缺席曼布克奖颁奖现场，他也不愿意接受记者采访——即便是获得诺奖之后的记者采访，他的回答也简洁得令人吃惊。顺便说一句，这和那些成天在开会在出席活动在采风的作家形成了极大的反差，我们倒是应该想想，作家到底是干什么的？2008 年，不喜欢见人也不喜欢多说话的两个惺惺相惜、互相欣赏的作家，库切和奥斯特约定，以书信的方式聊天——不是用即时通讯方式，而是用书写，然后传真给对方，从 2008 年到 2011 年，三年中间，他们不间断地通信，几乎什么都聊，友情、体育、乱伦、文学、作家、写作、家庭、生死以及纯个人的偏好与习惯，他们的个人生活与人生阅历以及思考和内心的矛盾冲突，全都呈现给对方，有讨论有分歧但更多的是交流还有欣赏，这种作家之间坦率而又伟大的友谊真是美好，令人羡慕不已。这本书读起来真是让人感到妙趣横生，这两个不爱和人打交道的作家，其实倒是两个非常有趣的家伙。

［美］保罗·奥斯特　著

btr　译　　人民文学出版社

《冬日笔记》

　　读完这本《冬日笔记》，掩卷之时，我想起菲利普·罗斯的《遗产》、米沃什的《被禁锢的头脑》和《诗的见证》，甚至赫尔岑的《往事与随想》，我想，这中间肯定有一些共通的东西，不只是因为同为回忆录，更在于他们在回忆中的审视与深思。面对生命过往中的悲伤与绝望时，他们有着某种相似的方式，关于个体和时代，更关于人类，这让它们与其他的作家回忆录有了某种不同。而在我的阅读刚刚开始不久，保罗写到他父亲之死的时候，我就想到了菲利普·罗斯的《遗产》，也许是因为他们同为美国犹太作家，也许是因为他们同为美国当代小说大师，但更多的也更本质的可能还是因为他们的审视方式，他们把生命历程中最重要的部分甚至最黑暗的部分，用晚年的明达洞穿了、照亮了，这样的回忆录是比作家的小说更动人的作品，它是小说的，更是超越了小说的文学与人生。

[美] 保罗·奥斯特　著

韩良忆　译　　人民文学出版社

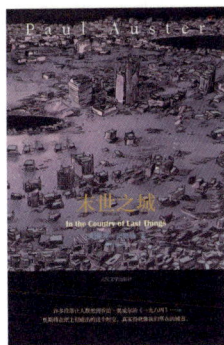

《末世之城》

　　虽然本书的封底上印了不少溢美之词，譬如奥斯特自己说"这是我写的最有希望的一本书"，譬如《华盛顿邮报》说"充满力量，十足原创，想象力十足，且手法精巧……是描写'地狱'的当代小说杰作之一"，但我还是不得不说，真没有那么神奇惊人。这在奥斯特的小说中，应该不算是最好的，也不是最吸引人的，甚至有些单薄。对于他这样一个出色的小说家，写这样一部小长篇大概是轻而易举吧，但结构和叙事都并不出色，所谓的"末世景象"也没有足以称道的地方。客观地说，算是杰出小说家的平庸之作吧。

[美]保罗·奥斯特　著

纪洪　译　　上海人民出版社

《偶然的音乐》

　　这是奥斯特 1991 年的作品，关于命运、欲望、自由和财富的故事，曾获当年的福克纳文学奖提名，有评论说这是一部情节精巧的作品，保持了他一贯的悬疑色彩。不过，换一个角度看，这部十万字的小说，结构上实在是有些刻意，匠心独运却也匠气突出。前半部分的自由和后半部分的禁锢，风格上似也有差异，前半部是典型美国生活写实风格，后半部则进入一种荒诞小说气氛中，虽然故事连贯持续，但就小说风格来说却不免断裂。

［美］保罗·奥斯特　著

于是　译　　浙江文艺出版社

《穷途，墨路》

　　我并不怎么喜欢读作家、诗人、艺术家的回忆录或者自传之类的书。在我看来，那些装腔作势的、故作深刻的、刻意制造出的传奇以及貌似深刻的警句，是文艺青年们武装自己的资料，它除了能够成为谈资然后让文艺青年找到某种范儿之外，别无用途。尤其是所谓的文坛角儿们所写的回忆录与自传，更加等而下之。但是保罗·奥斯特的这本不同，吸引我买它的原因是书名，《穷途，墨路》，译得太好了。这个一心想当作家的家伙，一直都在穷途上挣扎，直到三十四岁才出了一本没卖出几册的书。为了写作他几乎毁了他全部的生活，不断地从生活中后退，不断地溃败，他是倔强的、顽强的，也是迷人的。此书写于1996年，那时他将近知天命之年，已经出版了很多部小说，得过很多奖了，但他没有丝毫的骄矜与夸饰，他在这书里想说的大概是：没有什么胜利可言。经历过什么，如何经历，决定了一个作家人格的质地。

[美]保罗·奥斯特　著

徐振锋　译　　浙江文艺出版社

《日落公园》

　　保罗·奥斯特终于写了一本不那么扑朔迷离的小说。一个背负着精神创伤的年轻人迈尔斯来到日落公园和几个同样在自我疗伤的年轻男女住在一起，而他的父母亲同样也各有自己精神的伤痛。这是在 2008 年金融危机前后发生的故事，生活从来都不是那么简单，即使是在所谓自由的美利坚，人及其心灵的问题，似乎在世界的任何角落都是一样的，这里和那里，并没有太大的分别。奥斯特以书中人物为第一视角的结构方式让叙事变得如此简洁，同时又如此有力量；长篇小说在很大程度上就是结构的艺术，一个具有结构意识的作家，才能最终成就杰出的长篇小说文本。

[美] 保罗·奥斯特　著

包慧怡　译　　人民文学出版社

《隐者》

　　保罗·奥斯特的第十三部长篇小说。这次是个欲望故事，把他擅长的神秘、暴力带向奇特的三角关系中，而叙事中叙事视角的转换更增加了对生命扑朔迷离的隐秘地带的探索的奇特感受。这个在我起初的阅读中被归类为具有通俗文学倾向的小说家，越写越现出了他在人性与文本两个向度上的纯粹性。

[德] 本哈德·施林克　著

吴筠　译　　人民文学出版社

《回归》

　　施林克小说的主题是复杂的，即使把全部故事重述出来也是不够的，他要讲的似乎更多。这部《回归》（可以叫"返乡"吧）即是如此，以主人公在不经意间发现的故事展开，延伸成了一部关于寻找的小说，而主题却是返乡，是战争对人们的影响，亲历者的后代人，都被影响着，包括他们的生活和爱、责任和亲情。这是一部需要一边读一边思考的小说。

［德］本哈德・施林克　著

沈锡良　译　　南海出版公司

《你的奥尔加》

　　在微信朋友圈看到这部《你的奥尔加》出版的消息，我在其后留了句：见施林克必买。对施林克最新作品的期待，当然是缘于阅读他之前的小说所带来的冲击，以及他在小说结构与叙事上的精心。但是这部小说的第一部读到一半的时候，我几乎要失望了。一个贫穷的农家女孩奥尔加，和一个富家子——地主家的公子赫伯特，青梅竹马的感情遭到了来自男孩家族的极力反对。讲这样一个平常到随处可见的爱情故事，难道是施林克已经江郎才尽了吗？但我仍然怀着一丝期待继续读了下去，惊喜在一波三折中不断到来。不得不说，施林克就是施林克，一个杰出小说家总是值得期待。和《朗读者》一样，本书讲述的仍然是一个女人的故事，但这个故事几乎贯穿将近百年的德国历史变迁；仍然是反思纳粹的影响，但是延伸到了更远的历史与人性的更深处。小说的三部各自采取了一个视角，分别由第三人称、第一人称和主人公奥尔加的几十封信构成，由主人公奥尔加串连起来的几代人数个家庭近百年的德国普通人的生活，施林克只用了十三万字，如此杰出的结构和叙事才能，令人敬佩。对于现代小说来说，结构小说的能力比描写和叙述能力更为重要一些，故事的力量来自结构而不是叙述，好的结构和简洁的叙事是现代小说的要义，时代不同了，小说不需要那么多的描写，即使是史诗般的作品，也不必写那么长了。

［德］伯恩哈德·施林克① 著

刘海宁　译　　上海译文出版社

《夏日谎言》

　　施林克的职业是法学家，他写推理小说大概是一种职业的消遣吧，而更多的国人，是通过《朗读者》知道他的，那本小说太著名了，更何况加上同名电影的影响；而这本新版的《夏日谎言》再一次让我对施林克刮目，他写得太好了，就短篇而言，是近年所见最迷人的翻译小说了。他对爱情和家庭生活的细腻体察和描绘，他看似随意然而从容不迫的叙事，充满人性的善意与人生况味。

----

　　①伯恩哈德·施林克，又译作本哈德·施林克。本书标题中出现的作者译名、国籍等信息均与原出版图书保持一致，译名不同、国籍未用全称等情况不再另行说明。

［德］伯恩哈德·施林克　著

印芝虹　译　　上海译文出版社

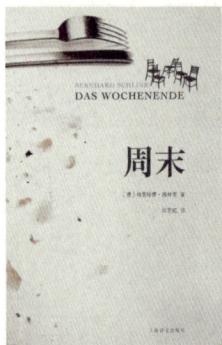

《周末》

　　被关了二十年的弟弟获得特赦，姐姐把他接回了自己的家，同时招来了此前与他有关的朋友们，甚至包括他和女友生下的儿子。这天是周五，这些人可以一起待上三天：三天足够用来叙旧，用来回忆，用来弥合伤口，用来解释误会，用来让他重新开始已经非常陌生的生活；三天也足够发生新的故事。一场周末聚会，施林克一如在《朗读者》中那样，从奇异的个人经历中透出重大事件并揭示其对人心与人性的细致影响。结局是出人意料的，但又是如此符合人性，如此的透辟人心。看似平淡的叙事，日常而又丰富，读完掩卷，才能感受到施林克的小说是如此迷人。

比目鱼[①] 著

新星出版社

《刻小说的人》

　　也许是比目鱼这种鱼类的双目长在同一侧的缘故，看小说的眼光也就异于常人。我感觉他比较偏爱那些想象力丰富而且内容和写法都比较怪异的小说，这从他在《刻小说的人》代序《英文书店 A to Z》这篇准书单上开列的书目就可以感觉出来，先锋的、奇异的，同时又是文学品质纯粹的那些当代小说家显然是被他用心挑选出来的，譬如冯内古特、波拉尼奥之类，所幸他所列举的作家我基本都读过了，这样一来，我觉得读他这本书的前提已经具备了——如果读一篇精彩的书评但自己却没有读过那本被评之书，是非常痛苦的一件事情，那就像是在浓重的雾霾里走路，既憋闷又迷茫。不过，好在此书并非全然书评，第一部分实际上是关于作家的生活和写作的故事，或者说这是另一种更广阔意义上的书评，但是读起来就容易得多了，即便没有读过他的小说也可以通过这些故事读他的写作。冯内古特、奥康纳、卡佛、陀思妥耶夫斯基、伍尔夫、海明威……

---

　　①本书篇目按照作者姓名字母次序排列，该篇本应列于第33页，为将同一作者的书目统一排列，故将其后移至此。

比目鱼把这些作家称为"患者"，这是一些患有"小说写作病"的人，他们的病令他们无法控制地陷入刻小说的行为当中，也就是把灵魂刻入小说的人。在我看来，这是使他们的作品从浩如烟海的小说中凸显出来的根本原因。刻小说的人不同于写小说的人，不仅在于他们要把灵魂刻入文字，更加由于他们还是一些技艺精湛的艺术家甚至是一些技艺的发明者。好的小说无疑是关乎灵魂的，好的小说同时也是精湛的艺术行为的完成，刻小说的技艺在这本书里也被作者设置了一个单元叫作"悬念保鲜术"，实际上他说的是如何写小说以及他们是如何写小说的。比目鱼在这些文章中所表现出来的开放态度让我进一步看到了他对小说的野心，如果不是自己要打造家具，谁会以琢磨那些木匠工具和技艺为乐呢？读完此书，我有一个强烈的感觉，他是想要写小说的人，他是非常懂小说的人。我的意思是，他的懂小说，远远超过了那些经常在文学报刊上发表文章的职业小说评论家，我想，他也是一个刻小说的人。

[捷克]博胡米尔·赫拉巴尔 著

杨乐云 译 北京十月文艺出版社

《过于喧嚣的孤独》

买这本书的动机很大程度上源于我的购书癖的心理——总是希望能把同一作家的作品收集齐，另一部分理由则是书前那四十二幅赫拉巴尔生动有趣的生活照片。2003、2004年中国青年出版社曾经分两次出版了赫拉巴尔的作品集，它们整齐地摆在我书架上，但是看到这个版本的时候，我仍然抑制不住自己的购买欲望。我喜欢这个有趣的家伙，"1955年，四十一岁的赫拉巴尔又找到一个在废品回收站打包的工作。他的写作还是看不到希望"——这个图片说明令人心酸同时又让我有一种莫名的崇敬感。《过于喧嚣的孤独》正是一个在废品回收站的老打包工汉嘉的独白。这本书在赫拉巴尔的脑袋里酝酿了二十年之久，几易其稿，终成他最重要的代表作。赫拉巴尔生活坎坷，四十九岁才正式出版作品，而到了晚年却得奖无数，成为捷克乃至世界性的大作家。

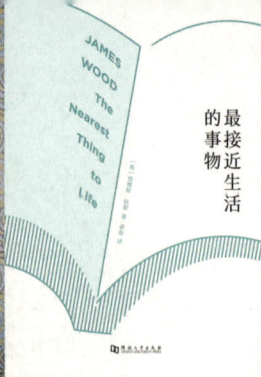

日落公园

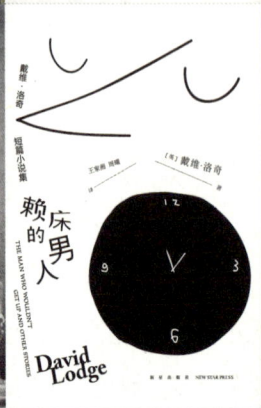

偶然的音乐

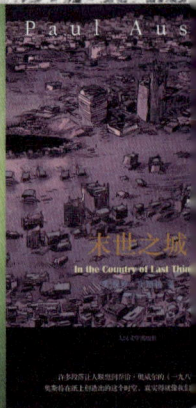

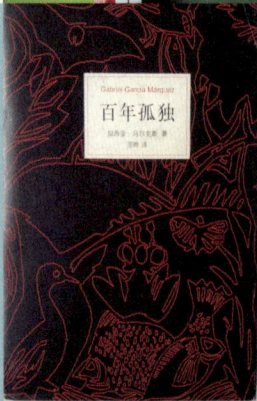

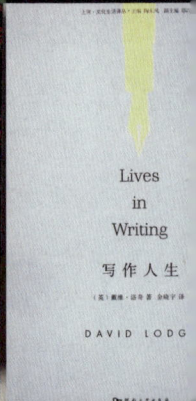

吕芳诗小姐

穷途，墨路

C

残雪《吕芳诗小姐》

查尔斯·布考斯基《苦水音乐》

查尔斯·布考斯基《邮差》

残雪　著

上海文艺出版社

《吕芳诗小姐》

　　吕芳诗小姐是个妓女，但残雪不像要写妓女生活，妓女是个尘世的符号。残雪的小说喜欢用尘世的马拉着非尘世的车子，用理性方式写着非理性的故事，她的小说是整体主义的变形记。吕芳诗和围绕着她的人物与故事，让我们感到既熟悉又陌生，既真实残酷又荒诞不经，我们既被触动、刺痛，又会觉得和我们全然无关。她的小说能制造出奇特的"间离效果"，我们知道自己在读小说但我们也会被带入，因此阅读残雪是需要点智慧和耐心的。一路读下来，时至今日，我仍然坚持自己十几年前的看法，王小波、残雪、王朔、马原是对中国当代小说在文体上有贡献的人。

[美] 查尔斯·布考斯基　著

巫土　译　　广西师范大学出版社

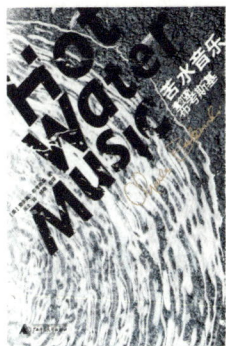

《苦水音乐》

　　我说，我从《苦水音乐》里读出了契诃夫的味道。这也许是让许多自以为是"布迷"的人感到吃惊的事情，但是，确实如此，你有什么办法呢？以为布考斯基就是整天活在酒精和女人里的那种人，实在是误会了布考斯基，也误会了文学。布考斯基并非某些人理解的那种底层混混。他很底层，但受过大学教育；他干着很多人不愿意干的所谓低级的体力活，但他把洛杉矶某一图书馆的书都读完了，他甚至经常在图书馆过夜。我相信那时候他迷恋过契诃夫，他从契诃夫的小说里找到了与自己相近的味道。在这本小说集里，他的短小、日常、随意、不大刻意于故事，都与契诃夫相近，更重要的是那种底层的味道，与契诃夫如出一辙，他是有大悲悯的作家与诗人。国内的"布迷"们，再也不要把自己希望看到的、愿意看到的布考斯基，误以为就是真实的布考斯基，这是很可悲的。虽然误读是经常发生的事情，但对于一个写作者来说，这种误读却难免让你误入歧途。

［美］查尔斯·布考斯基　著

杨敬　译　广西师范大学出版社

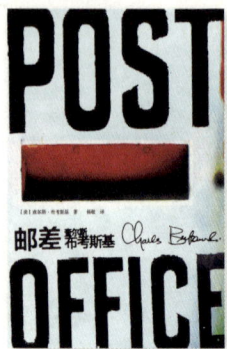

《邮差》

　　布考斯基用四周时间写完的这部小说，令他的出版商感到吃惊。四周时间，确实是令人吃惊的，尤其是他还写得这么好，而且是他的第一个长篇小说。他没有刻意地进行所谓"文学结构"，也没有为了讨好读者而进行什么"巧妙的情节设计"，他就那么自然地写出自己的生活，并且，写得如此迷人。对于中国写小说的人来说，布考斯基的小说和诗，都具有启示意义，起码对我是如此。

D

［英］D.M.托马斯　著

袁洪庚　译　　人民文学出版社

《白色旅馆》

　　这部后现代风格的小说，把虚拟、元叙事、互文、精神分析融于一体，但构思严谨，主题严肃，叙事严密，技巧与震撼力都独一无二。2003 年上海译文出版社"现当代世界文学丛书"曾出版，此次改由人民文学出版社出版，称是新译，但并无区别。

[*以色列*] 大卫·格罗斯曼　著

张静　译　浙江文艺出版社

《迷狂》

一个多疑的、陷入绝望的想象中的丈夫，在妻子出门之后，向弟媳倾诉自己十多年里对妻子"出轨"的猜疑与想象，而这种对出轨的迷狂想象竟然引发了倾听者弟媳的迷狂。格罗斯曼非常善于描写身体与心理之间的奇特而又微妙的关联，《她的身体明白》和这本《迷狂》都是这类表达的典型。在小说意义上，这样的表达完全超出了传统小说的关注点，不仅仅是题材的拓展，恰是这种题材也让小说自身获得了新的形态。以色列的几位当代文学大师，阿米亥、奥兹、格罗斯曼……都具有独特而又迷人的文学品质，一个小国家在同一时代能有如此多的世界级文学家，是值得认真琢磨的事情。

［以色列］大卫·格罗斯曼　著

张静　译　　浙江文艺出版社

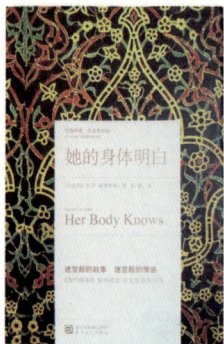

《她的身体明白》

　　细腻、曲折而又奇特的性感。女瑜伽师和她的男学生之间复杂的身体感受与想象，构成了谜一样的小说叙事。把人性的心理现实铺展到令人吃惊的地步，身体甚至都会思索了——是感觉的也是思索的，身体是有灵的。把小说写在过去的观念以为看似没有什么社会意义的地方，是现代小说的一种进步。

［英］戴维·洛奇　著

王家湘　周曦　译　　新星出版社

《赖床的男人》

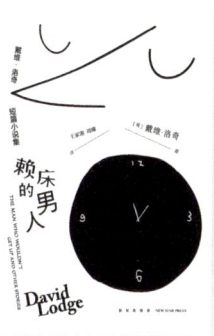

　　这是一本充满奇妙故事的小说集，却处处都来自生活现实，外在的社会的物质的现实和内在的精神的心理的现实，以及它们之间的冲突。当然，还包括洛奇作为一个小说理论家不经意间对小说技术的略带炫技的表演，譬如《酥胸酒店》的嵌套式结构。在这本集子里，他把奇趣与生活的对位发挥到了解剖刀的程度，他剥开了表象让下面的人性肌理显露了出来。看似夸张的、离谱的、幽默的，却是更真实的。我们今天的生活现实充满了前所未有的荒诞感，离奇甚至离谱得超乎想象的故事随处可闻，但我们的小说还在说着从前的故事——拿今天的生活写着从前的故事，小说比现实更愚蠢而且落伍，遑论透视现实后面的真实。每每阅读国外小说大家作品，哪怕是并非久负盛名的一般作品，我都感到是对那些自以为是的当代名家的讽刺。小说，或许并不是某些小说家所理解的那样。必须得承认，差距是巨大的，就像两个世界，就像两个时代。

［英］戴维·洛奇 著

金晓宇 译　河南大学出版社

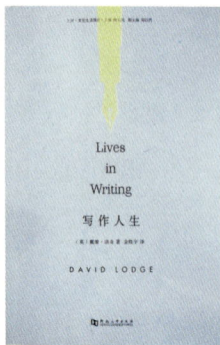

Lives
in
Writing

写作人生

［英］戴维·洛奇 金晓宇 译

DAVID LODGE

《写作人生》

　　戴维·洛奇绝对是个奇才。他几乎一生都待在学院里，右手小说，左手批评，偶尔还要写个剧本玩玩。他的小说大部分都与学院和知识分子有关，他的小说写作相当程度上也很知识分子，所以，他似乎没有像麦克尤恩、库雷西或者石黑一雄这些同时代但更年轻的小说家那样获得那么多读者的广泛认可与喜爱。但他看上去就像一个站在高处写小说的人，而其他的小说家都在他的眼皮子底下活动，其他作家的底牌他看得一清二楚，这在他的批评著作里就能看到。他那本《小说的艺术》更是一部文体独特的经典，被称为自福斯特《小说面面观》以来最出色的面向大众的小说研究著作一点也不为过，我个人以为再加上昆德拉的《小说的艺术》，有这三本书，对于小说写作者来说，就不用再读别的什么小说作法之类的东西了。而我想说的是，对于戴维·洛奇，我们似乎久违——实际上是浅薄的传媒不太关注了。手头这本《写作人生》，是戴维·洛奇的最新著作，虽然也与小说有关，却是另一个角度，"随着我越来越老，我发现自己对基于事实的作品，越来越感兴趣，越来越受到它的吸引。我相信，在日渐衰老的读者当中，这是一个共同的趋势，而且在当代文学界这似乎也是一个普遍的潮流"。这本《写作人生》就是写作者和他们背后的故事，不止写作者的生活，更重要的是关于他们的生活与他们的作品之间的关系，作者生活与作品的互文或者对立。"从某种意义上说，小说是一种游戏，一种至少需要两个人玩的游戏：一位读者，一位作者。作者企图在文本本身之外控制和指导读者的反应，就像一个玩牌者不时从他的座位上站起来，绕过桌子去看对家的牌。指出他该出哪一张。"或许他在很早以前这样说自己的小说写作时，就已经想要翻翻其他作家的底牌了。《写作人生》也许可以看作是一本翻作家底牌的著作，他从传记、评传、日记、回忆录这些"基于事实的作品"中，看到了我们看不到的东西，那就是所谓的写作人生，当然，重要的是他翻了作家的底牌。

[美国] 丹尼斯·约翰逊 著

姚向辉 译 人民文学出版社

《耶稣之子》

　　丹尼斯·约翰逊说："最开始，我给朋友讲了一两个故事，他们说，你应该写下来，于是我写了几个，但根本没想把这些故事变成书。大概三十五岁时，我写下了第一个故事。"此书出版于 1992 年，那时他已经四十三岁了。这本薄薄的集子，他写了八年。我觉得，对于一个作家来说，这应该能说明点什么。他是一个非常低调的人，几乎不出席公开的活动，记者更是很难找到他，就像他的前辈塞林格那样。对于一个知名作家而言，这也能说明点什么。小说中直逼现实的诗意的忧伤，令人心慌，虽然只是一些短篇故事，但他写出了故事之外的生存意味与生命的疼痛感，对于一个小说家来说，这又能说明点什么。

[意] 迪诺·布扎蒂　著

刘儒庭　译　　重庆出版社

《相爱一场》

　　作为"重现经典"丛书中的一本，布扎蒂的这本堪称爱情经典，书腰上《纽约时报》的评论也自有其道理——"在所有当代情爱小说中，只有《情人》《洛丽塔》与《相爱一场》这三部堪称经典。其中杜拉斯写出了绝望，纳博科夫写出了欲念，而布扎蒂写出了宿命。"不过，对于折磨人的爱情而言，哪一种爱情又不是宿命呢？这个评论看来只是道出了常理。而我想说的是，这部小说的折磨人之处正在于它写出了爱情中的纠结与折磨，以及这折磨的反复、迟疑、嫉妒与猜疑。对这种折磨人的感情过程的叙写，需要具有极大的叙事耐心和高超的叙事技巧，这部小说的经典之处更在于此——叙事耐心，这是对一个长篇小说作家的考验，而我说的真正的叙事耐心，是不假借不设置非常的意外事件，而仅凭正常生活的逻辑将叙事推向极致的心力。这样的叙事耐心，在我们国内的小说家的作品里，即便是那些所谓当代名作中，也很难看到，国内作家，太喜欢编织意外与巧妙的故事了，这是非常令人遗憾的事情。

[英国]多丽丝·莱辛 著

陈才宇 刘新民 译　　译林出版社

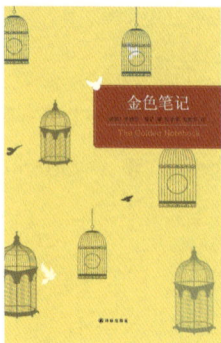

《金色笔记》

　　无论是在小说文体意义上，还是就其主题而言，这都称得上是一部杰作。与其说这是一部探讨女性独立或者描写独立女性的小说，倒不如说是从独立女性的角度，探究现代生活中的复杂人性和人类存在的当下困境的小说。但其实这样说也并不确切，这是一部用复杂的内在构造与丰富的人性相结合的关于当代生活的文学解读。我已经很久没有读过这么大部头的小说了，六百多页，五十五万字。开始时吸引和支持我阅读的，其实是作者在序言中的一句话，正与我个人的思考相一致，它是关于现代长篇小说的——"我的本意是想写出一部能注解自身的作品，我要让这部作品作出无声的声明：谈论写作的过程就是小说的构成。"这个说法真是合我心意，我想看看她是如何做到的。当我读完这部小说的时候，我现在可以说，不仅是内容，甚至在小说表达方式上，作者的探索都是迷人的！莱辛是2007年的诺贝尔文学奖获得者，迟至九年之后，我才读她的作品，而这部书的首次出版，更是早在1962年，距今已经半个多世纪了，但是对这样的一部小说杰作，什么时候读，都是恰当的。小说对人性尤其是对女性精神独立与身体困境的多角度发掘，在我看来，超过了既往的同类作品，诺奖委员会说《金色笔记》是"一部先锋作品，是 20 世纪审视男女关系的巅峰之作"。这也是我近来读到的最杰出的长篇小说。相比之下，备受推崇的当代英语小说大师特雷弗，在莱辛的《金色笔记》面前，就像个小作家；而更多的作家写的，则像幼儿园哄娃娃的故事，真是让人无奈。

[英国] 多丽丝·莱辛 著

邱益鸿 译　译林出版社

《天黑前的夏天》

　　在惯性里活了半辈子，如果不是发生了什么意外的事件或者受到什么特别的刺激，也许就会浑浑噩噩然而也似乎幸福平淡地过完剩下的时间。但当一个人突然意识到这有点荒唐的时候，麻烦就会到来，就需要好好地想想清楚。《天黑前的夏天》，仍然是莱辛关注的女性独立主题。一个中年家庭主妇凯特，在家人都外出而家里的房子也出租给度假房客的时候，出了点意外——对于她过往平静的家庭主妇生活而言，生活有了一点点变故，于是，她的生活从外在到内心都起了不小的波澜。莱辛在这部小说里，再一次以"女性的独立"为主题，通过五个场景三段经历（在国际食品组织的工作、一次外遇、和年轻人莫琳的相处），把一个女人推到了读者面前——实际上是把很多人共同的问题通过凯特展示了出来，或许有很多女人能从其中看到自己，自己的麻木、困境、挣扎、无奈以及因此而生的各种期待与思考。而主人公凯特在这个夏天天黑之前似乎把人生想明白了，于是决定回家。而莱辛把这个天黑前的夏天，写得浓缩、从容、简洁而又深刻。

E.L. 多克托罗《幸福国的故事》

［美国］E.L.多克托罗　著

朱世达　邹海仑　译　　上海文艺出版社

《幸福国的故事》

　　时至这本书出版，多克托罗已经八十多了。从三十岁发表第一篇小说开始，五十多年里，他写了十二部长篇、三部短篇集和一些剧本与评论，从数量上说不算很多，但他的创作一直是持续进行的。他会花好几年的时间，去写一部篇幅不长的长篇小说，他的工夫很大程度上都用在文字上了。这本《幸福国的故事》，充分体现了一个写故事老手精湛的功力，准确而又不动声色的叙述，就像一个八级老钳工一铲一锉做出的精致工艺品，不仅有形态的细致到位，更刻画出人物的灵魂。多克托罗像他的美国犹太人同行索尔·贝娄、菲利普·罗斯、保罗·奥斯特一样，对生活和人性有着令人敬佩的洞察力、丰富的表现力和持久的创造力。在他去世的前一年，2014 年，八十三岁的多克托罗还出版了最新的一部小说《安德鲁的大脑》。

F

[美国] 菲利普·罗斯 著

刘珠还 译 译林出版社

《人性的污秽》

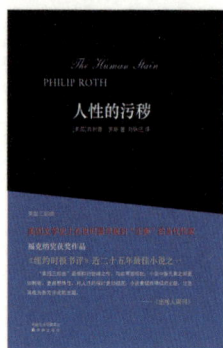

　　买到罗斯的"美国三部曲"时，他获曼布克奖的消息传来，而我等这套书久矣。在当代作家中，罗斯的小说，手法独特，现代、后现代，乃至畅销书的手法都可以在他的小说中找到，而更重要的是，他是能在小说中把人性的复杂性、存在的荒诞感、时代政治与生活现场糅合在一起的为数不多的作家。用我们传统的说法就是，他是能够把思想性、艺术性与现实性完美结合的作家。拿到这三本书的时候我有种欣喜，唯一不爽的是全黑的封面，太沉重了，感觉像三块刚浇好的铸铁。

[美] 菲利普·罗斯　著

董乐山　译　　上海译文出版社

《鬼作家》

　　《鬼作家》是一部篇幅不长却颇为复杂的小说，元叙事、改写、制造伪史等被称为后现代的小说手法，都杂糅其中。这是菲利普·罗斯的"祖克曼系列"中的第一本。这个祖克曼大致可以被看成是作家本人的仿版，而这一系列则是他的伪史小说。正如菲利普·罗斯自供："我的生活就是从我生活的真实情节里伪造自传，虚构历史。捏造一个亦真亦幻的存在。"这话也很大程度上道出了小说的真谛。读菲利普·罗斯的小说，在他的叙述中总能感受到一种弥漫着的挥之不去的罗斯气息：生活、生命、人性和作家交织在一起的浓重的小说气息。作家无处不在，无处不到。

［美］菲利普·罗斯 著

彭伦 译　上海译文出版社

《遗产》

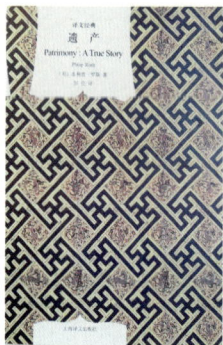

　　菲利普·罗斯的作品，我是见到必买，在我的外国当代小说家谱系里，罗斯是和昆德拉、库切并置在同一层书架里的。但这本《遗产》，并不是小说，而是对刚刚逝去的父亲的回忆，却比他的小说对生活与人性的刻画更有力量。此书一出，即获"全美书评人协会奖"，成为非虚构作品的当代经典。

［美］菲利普·罗斯　著

张廷佺　译　　上海译文出版社

《欲望教授》

　　《欲望教授》是菲利普·罗斯的"凯普什系列"中的一本，写于他变形为一只巨大无比的"乳房"（《乳房》）之后，但却是变形之前的故事。"我希望你们阅读这些书后能知道生活最神秘、最疯狂的那些方面也是有价值的。"这句引文来自《欲望教授》第209页，是主人公凯普什教授决定向学生讲授与情欲有关的小说时准备的开场白，实际上我想说的是"凯普什系列"（《欲望教授》《乳房》和《垂死的肉身》）所讲述的正是这样的故事，情欲是我们的生命最重要的部分之一，它当然是有价值的。但相当一部分小说家或者小说评论家乃至读者，对这个严肃主题在小说中出现仍然存有疑虑，遑论认识到它的价值所在，对我们的文学来说，这是令人遗憾的。

[美] 菲利普·罗斯　著

姜向明　译　　上海译文出版社

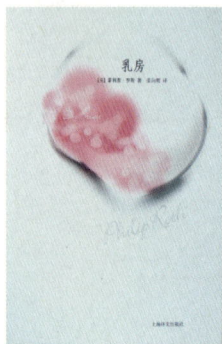

《乳房》

　　这是菲利普·罗斯的"凯普什系列"小说中的一本。教授有一天变成了一只乳房，这个开头和卡夫卡的《变形记》颇为相似，也许就是模仿了卡夫卡，但这只乳房是另外的意思，它与人和身体欲望有关。2009年我买过人民文学出版社的《凡人》。菲利普·罗斯在很多时候，被研究者称为后现代小说家，但是在我看来，他是非常了不起的十足的现代小说家。他在长篇小说的表现方式、结构方式与叙述方式上的独特性，令人惊叹；而他对现代社会中复杂的人性的发现与表现也独树一帜。我以为，中国的写小说者，都应该读读菲利普·罗斯。

[美]菲利普·罗斯 著

俞理明 张迪 译 人民文学出版社

《再见，哥伦布》

　　这是人民文学出版社罗斯作品系列中的一本，我是在书店里一个不被人注意的小角落里找到的。此为菲利普·罗斯出版的第一本小说，也是他的成名作，曾获美国国家图书奖。索尔·贝娄的评价足以说明罗斯的天才性："与我们闭着眼睛什么也看不见，光溜溜地呱呱坠地不同，罗斯先生一出场，指甲、毛发、牙齿都已长齐。他说话流利，技巧娴熟，机智幽默，富有生气，具有名家风范。"罗斯的《垂死的肉身》和《乳房》我已经见识过，贝娄此言可信。

[美] 菲利普·罗斯　著

郭国良　译　　　上海译文出版社

《被释放的祖克曼》

　　祖克曼为声名所累，是因为他的第四本书《卡诺夫斯基》的出版，他突然成了一个家喻户晓的当红作家，他的生活于是陷入了一种混乱之中——他苦恼于这种悲剧、喜剧、闹剧的混合体式的生活。从书中隐约透露出的信息，大致可以感觉到《卡诺夫斯基》差不多就是菲利普·罗斯的名作《波特诺伊的怨诉》，那么，祖克曼的生活，应该就是他在《波特诺伊的怨诉》出版之后的遭遇和体验。罗斯的小说，喜欢把真实和虚构交织在一起，作家的个人生活在他的小说中总是能够被找到，甚至他也不忌讳将自传若隐若现地放进小说，而在另一种纪实作品的表达中他又会写得像是在虚构，譬如他的《遗产》。模糊虚构与写实的边界，同时又游移于二者之间，罗斯对此似有偏好，或者，他以为这中间有着迷人的文学的秘密意味。用这小说中人责问祖克曼的话说："以前，你离群索居是为了激发自己的想象力，现在你离群索居，是因为你激发了读者的想象力。这能让你写出什么样的小说啊？"而罗斯自己的回答就是他的小说——"祖克曼系列"，差不多就是这个意思。

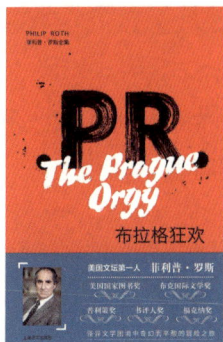

［美］菲利普·罗斯　著

郭国良　译　　上海译文出版社

《布拉格狂欢》

　　当堕落甚至自虐成为一种对抗方式的时候，生活乃至生命就变得似乎不那么真实了。连身体欲望本身也像是一种表演，而那些观看者又是谁呢？是监视者。这个国家几乎一半的人在监视另一半人，这又是什么样的狂欢呢？来自自由世界的美国作家祖克曼，于 1976 年来到苏联入侵之后的布拉格，寻找一位逝去的犹太人用意第绪语写成的短篇小说手稿。祖克曼是罗斯系列小说中的主角，这次的遭遇充满了魔幻感，而当他被强行送上飞机时，安检员最后的那个别有用心的笑容深深地印在了他的脑海中。昆德拉说罗斯是一位伟大的美国色情史学家，"祖克曼系列"也每每写到色情与身体欲望，而《布拉格狂欢》里的色情却是如此的奇异、冷峻、悲凉，如同苦恼人的笑，如同溺水者的挣扎。《布拉格狂欢》是上海译文出版社新版的菲利普·罗斯全集第一批八种中的一种，装帧设计超过了以往的版本，喜欢。买这本是填补我的罗斯收藏空缺，要不要买全部的新版？

[美]菲利普·罗斯 著

郭国良 高思飞 译 上海译文出版社

《解剖课》

　　这本书写的是祖克曼埋葬了父亲之后进入了一种无望的痛苦之中，他得了一种身体疼痛的怪病，又因为药物、酒精、大麻等缓释疼痛的物品，让他陷入精神的混乱之中，他想要去医学院学医，最终却让自己住进了医学院的病房。"解剖课"实际上是对祖克曼的解剖，读这本小说让我认识到了疼痛这种惨烈的疾病以及那种专治疼痛的药物，譬如羟考酮复方制剂（当某一天我的身体突发莫名的疼痛的时候，医生建议我服用的正是这个药，这未免太巧了，当时我正好读到小说里关于这个药物及其副作用的描写，我最终没有服用这个药）。疼痛、焦躁、绝望、无聊，罗斯把最为沉闷的个人生活事件，写得充满趣味而又惊心动魄，罗斯小说的迷人之处正在于他惊人的套盒般的结构性叙述能力，并不仅仅是行文，更在于他不着痕迹的巧妙结构。2013 年的诺奖我赌是罗斯，可惜被他邻国的门罗老太太先领走了。

[美] 菲利普·罗斯　著

姜向明　译　　上海译文出版社

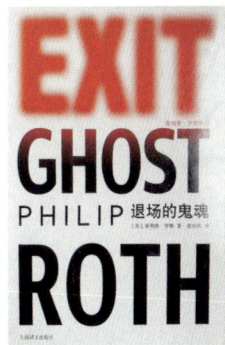

《退场的鬼魂》

　　"我不开作品朗诵会，也不开讲座，也不在大学里授课，也不上电视。我的书出版后，我也不赠书给任何人。我每天都坚持写作——换句话说，我每天都沉默寡言。我常常都会忍不住想干吗要出版我的书——写作，写作的过程，难道不是我全部的需要吗？对一个小便失禁，性功能丧失的人来说，出版一本自己的作品究竟有多大的意义呢？"尽管如此，隐居了十一年的祖克曼还是回到了纽约，面对衰老了的自己的性欲望、面对他已经不认识了的社会政治生态、面对下一代的欲望与野心。这是菲利普·罗斯的"祖克曼系列"中的第九部，写于2006年，他用这部小说结束了这个系列的写作。罗斯说："是莎士比亚的《麦克白》提醒了我，让我决定用'退场的鬼魂'为小说冠名。我和内森结束了。这是结局性的，因为这是我的意图，据我所知，我的意图总是神圣的。"

[美] 菲茨杰拉德　著

董继平　译　浙江文艺出版社

《了不起的盖茨比》

　　这是一本典型的经典重译。我有时候也会关注一下经典小说的新译本。文学译本总是或多或少地会受制于所处的那个年代的某些要求而有所删减，或者不得不曲笔隐写。关于这部九十多年来备受读者和作家称赞的经典，其实无须多说，在"20 世纪 100 部最佳英语小说"中排名第二，就很说明问题了。这部杰作的国内译本，已经不下十种，不同年代不同出版社出的版本则更多，董继平先生的这个算是最新译本。我买董译只有一个理由，就是出于对译者的信任。董继平半生致力文学尤其是诗歌的译介，出版译著数十种，这次他操刀重译经典，令我对他诗人的译笔充满了期待——果然，阅读过程是迷人的。其实在阅读之前，拿到书的时候，我已经被书的装帧迷住了。手感极好的硬面精装，非常体贴的内文纸令阅读时眼睛特别舒服，书前有多幅精美的小说插图，尤其值得一提的是附送的书签和小说插图制成的一包明信片。把书做到如此精致和体贴的程度，无论如何都是值得赞美的。时隔三十年多年，重新阅读这部经典，感觉今天中国的情景，与一百年前盖茨比的美国之间有一种隐约的镜像关系，或许时代与人性都会有轮回与复写？"于是我们奋力逆水行舟，又注定要不停地退回到过去。"

[美] 弗拉基米尔·纳博科夫　著

谭惠娟　译　　人民文学出版社

《劳拉的原型》

　　这是纳博科夫的遗作，在保险柜里锁了很多年，作者原本的意思是要烧掉的，因为在严格意义上这还不是一本小说，而是关于这部小说的一些碎片：一本元小说式的小说碎片。但遗嘱执行人还是把它拿出来出版了，当然受惠者主要是纳博科夫的儿子。对于习小说者，这部未完成稿的意义也许比已经完成的小说更有价值，它能让我们看到大作家是如何建造一部小说迷宫的。书价看上去有点贵，但当我们看到它是英文影印和中文译文左右对照的一部特别之书的时候，就明白它已经物超所值了。

［美］弗拉基米尔·纳博科夫 著

叶尊 译 上海译文出版社

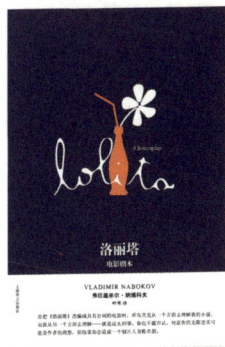

《洛丽塔：电影剧本》

　　小说《洛丽塔》的电影版权被纳博科夫的代理人卖给了好莱坞，著名的库布里克出任导演，他们请纳博科夫自己改编剧本。当时纳博科夫正在亚利桑那捕蝴蝶，他很讨厌这件事情，于是拒绝了。他们夫妻去了欧洲旅行，有一天夜里他突然觉得神灵降临般地找到了把《洛丽塔》处理成电影剧本的动人方式。剧本写成后他和导演库布里克以及制片方多次沟通，但导演最终只采用了剧本中的一些零星片段。所以这个剧本并非米高梅公司的电影《洛丽塔》的拍摄本，而是一个作家对自己小说的剧本化处理。用纳博科夫自己的话说就是："纯粹是作为我的一部旧作的一个轻快活泼的变体。"

［美］弗拉基米尔·纳博科夫　著

谷启楠　译　　上海译文出版社

《塞巴斯蒂安·奈特的
真实生活》

　　纳博科夫的小说我一直喜欢，这本是上海译文出版社纳博科夫系列著作中的新的一本，在国内为初译。这是纳博科夫用英语写作的第一本小说，充满了现代小说的元素与因子，由于语言的问题，有生硬处，但很特别。

[美] 弗兰克·迈考特 著

张敏 译 南海出版公司

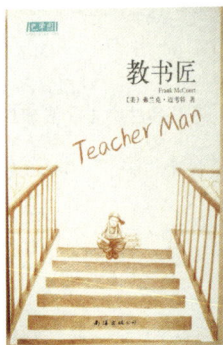

《教书匠》

　　弗兰克·迈考特是爱尔兰裔的美国人，这个作家、教师、普利策奖得主，十九岁重返美国开始自己的"美国梦"，他的系列成长小说其实就是"美国梦"的一个鲜活注释。欣赏他的原因当然并不仅仅如此，当我站在书店里看到这小说第一段的时候，我立即就被吸引了："我的父亲和母亲本该待在纽约，他们在那里相遇，在那里成婚，我也在那里出生……"我得承认，我非常喜欢这样的长篇小说开头。

［美］弗兰纳里·奥康纳 著

仲召明 译　　　新星出版社

《暴力夺取》

　　奥康纳的这一部长篇，与灵魂有关，与宗教有关。这个早逝的天才女作家的小说中总是有一种狠劲，有时候甚至狠得让人觉得有些不可思议的邪恶，却又是如此的深刻与真实。或者与她的身体状况和心理状况有关？"我想此书将遭到猛烈抨击，被肢解得支离破碎。"看来她对她自己在小说中的"狠"是早有准备。发"狠"的小说家，在我们这里似乎还很少，之所以发不了狠是因为我们的小说家们把小说太不当文学了——至于当了什么，我觉得还需要社会学家（不是文学研究者！）去研究。

［美］弗兰纳里·奥康纳　著

於梅　译　　新星出版社

《好人难寻》

　　奥康纳堪称天才小说家，这个单身的残疾女人生活在封闭的南方农庄不出门，也能写出令人叹为观止的小说来，她对人性的阴暗和复杂的洞察与传达，有着令人吃惊的准确与深刻，传神之笔，俯拾即是。而她编织故事却能达到不着痕迹的地步，这样的能力几乎就是天生的。正像有作家感叹的那样：如果不写小说，真不知道她该干什么了。

[美] 弗兰纳里·奥康纳　著

蔡亦默　译　　新星出版社

《智血》

　　读奥康纳的小说，能读出冷入骨髓的人性来，在为她深刻的洞察力和表现力叫好的时候，我同时也有另一种寒凉的感觉——是否只有作者身心有疾，才能如此深入地剖解人性？果真如此，那么心地善良的小说家们是不是应该对文学绝望？

郭国良　徐红　主编

百花洲文艺出版社

《曼布克奖得主短篇小说精选》

　　我不能确定曼布克奖（即布克奖，2002 年后布克奖改称为曼布克奖）的获奖作品是不是都有中文译本，这本短篇精选集收录了 2011 年之前获奖作家的 37 部短篇小说。彼得·凯里、J.M. 库切和希拉里·曼特尔三位作家都曾经两度获得曼布克奖，另有几位获奖作家因为从未发表过短篇小说而没有出现在本书目录中。读过此书之后，我想说的是，这本短篇精选集客观上似乎以作品证明了长篇小说和短篇小说是完全不同的两种文体，它们并不因为都叫作"小说"而有什么本质上的一致性。我的意思是，如果我们可以信任专门奖励年度英文长篇小说的曼布克奖评委们的眼光，那么我们就可以认为这些获奖作品，是当年英文小说中的佳作；而这些写了长篇佳作的小说家，似乎大部分人都不怎么擅长短篇创作，或者说他们的短篇小说并不像长篇那么出色，有些甚至可以说非常一般。事实证明，把长篇小说和短篇小说这两种文体区别开来非常必要，虽然两者貌似有某些相同之处，其实并不完全是一回事儿，就像毛笔字的榜书大字、小楷是不同的书写方法需要不同的书写功夫一样，我以为，在文体分类上把长篇小说、短篇小说与诗歌、散文等并列起来，起码从研究与学习的角度来说，很有必要。

回不去的旅人
CENSUS

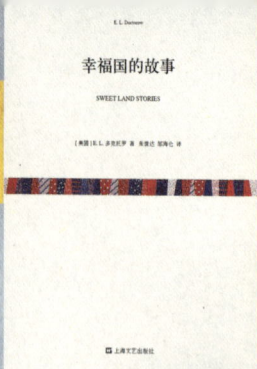

幸福国的故事
SWEET LAND STORIES
[美] E. L. 多克托罗 著 朱景冬 郑海仑 译

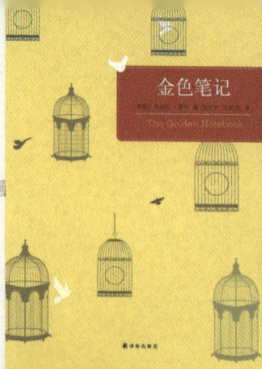

金色笔记
[英] Lessing 著
The Golden Notebook

DORIS
诺贝尔文学奖
天黑前
The Summer Be

Un Amore
相爱一场
[意] 迪诺·布扎蒂 Dino Buzzati 著
刘儒庭 译

The GHOST WRITER
鬼作家
菲利普·罗斯作品
PHILIP ROTH
[美] 菲利普·罗斯 著 谢弘山 译
美国话者的文学神话
菲利普·罗斯
内森·祖克曼文学探险系列开篇之作
上海译文出版社

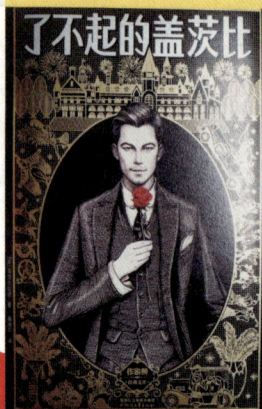

了不起的盖茨比

破种族的祖
PHILIP ROTH

PHILIP ROTH
菲利普·罗斯全集
PR
The Prague
Orgy
布拉格狂欢
美国文坛第一人 菲利普·罗斯
美国国家图书奖 布克国际文学奖
普利策奖 书评人奖 福克纳奖
怪异文学困境中奇幻而年轻的冒险之作

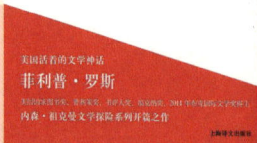

教书匠
Frank McCourt
[美] 弗兰克·迈考特 著
Teacher Man

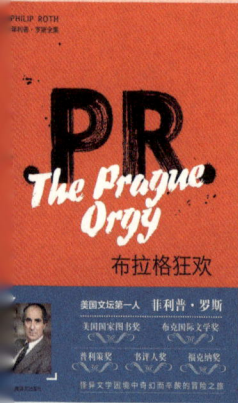

The Human Stain
PHILIP ROTH
人性的污秽
[美国]菲利普·罗斯 著 刘珠还 译
美国三部曲
福克纳奖获奖作品
《纽约时报书评》近二十五年最佳小说之一

EXI
GHOS
PHILIP
ROT
退场
[美] 菲利普
上海译文出版社

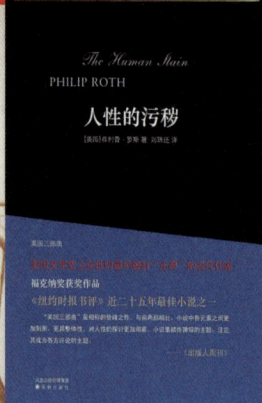

欲望教授
[美] 菲利普·罗斯 著 宋践 译

译文经典
遗产
Patrimony : A True Story
[美] 菲利普·罗斯 著
罗晓 译

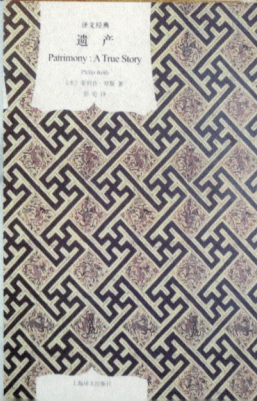

乳房
[美] 菲利普·罗斯 著 姜向明 译

Goodbye, Columbus And Five She
Philip Roth
再见，哥伦布
[美] 菲利普·罗斯

H

[美]哈金 著

王瑞芸 译　江苏文艺出版社

《小镇奇人异事》

　　似乎还没有一个作家像哈金这样写过"文革"期间的中国乡村，书中十二篇小说，十二个奇形异状的人物情事，营造出的奇特氛围让我回想起五十年前的中国。与这些故事类似的事情，在我少年时代也曾耳闻，那时只觉得奇异好玩，现在被写出来了。但是这些奇人异事集，和现代小说之间，似乎隔着些什么，听说得了美国的文学奖，美国人欣赏它们，是否更多的是出于猎奇？我们都知道，美国乃至欧美对待中国当代文学的态度，主体上仍然是猎奇的和意识形态角度的关注，他们现在仍然不大愿意以平等的艺术之心待之。

[美]哈金 著
江苏文艺出版社

《落地》

在 2004 年看到《等待》（湖南文艺出版社 2002 年版）的时候，我相信我是读到了一部由当代中国人写的长篇小说杰作，我的比较体系一方面来自中国当代小说，另一方面则来自世界文学经典，我买了多本送给我的朋友们。今天看来，《等待》仍然是杰出的，在叙写中国 20 世纪的现实生活的小说中，哈金远远地把其他作家抛在了身后。所以在看到这本新作《落地》的时候，我毫不犹豫地就买下了。收入书中的十二个短篇，全部叙写的是在美国的中国新移民生活，但似乎并不限于此，题材的特殊性之外，移民和人生的况味已经超越了题材而进入了真正的生存关照，这与我对短篇小说的理解庶几近之。哈金是不让人失望的作家。所以他能得到海明威奖、福克纳奖、美国国家图书奖，入围普利策小说奖，都不令人意外。国内的读者对他的了解可能有限，但国内的作家，从他的小说中可以得到的启示应该是珍贵的——如果我们能够意识到小说该做什么不该做什么的话。

［英］哈尼夫·库雷西　著

吴忆枝　译　　上海文艺出版社

《爱在蓝色时代》

　　库雷西是那种能够把人生况味和小说趣味结合得非常好的作家，读他的小说，无论长篇如《有话对你说》还是这本中短篇集子《爱在蓝色时代》，总是会被他迷人的叙事吸引，欲罢不能，必欲一气读完不可。库雷西有着职业剪辑师一样的剪裁与切换能力，我相信这是一种天生的小说才能，他的小说并不依仗故事的精巧吸引读者，却透露出迷人的魅力，无论是长篇还是短篇。那些总是强调而且只知道写故事的小说家，在库雷西这样的作家面前应该汗颜。

[英] 哈尼夫·库雷西　著

吴忆枝　译　　上海文艺出版社

《对话终结》

　　时隔数年，在《有话对你说》之后，库雷西又拿出了一部长篇新作。两本书的推介词都用了"最新力作""迄今为止最好的作品"。他的作品总是被书评人高度评价，"大师手笔""杰作"等赞词一直伴随着他，我甚至都有些怀疑英国书评人和中国书评人大概是孪生的兄弟了。但是不得不承认，库雷西的小说总是那么好读，他的小说叙事有一种抓住读者的魔法，在看似平淡甚至质朴的叙述中，读者不知不觉就被他俘虏、被他带走了，对于小说家而言，这绝对称得上是一种杰出的才能。这一次他讲的是两个作家的故事，表面上关于文坛、关于虚荣，但其背后却是关于性、谎言以及艺术与生活的悖谬。阅读这部小说有一种荡秋千似的体验，在堪称吸引人的表面故事差不多让我感到有点失望的时候，在我快要觉得这就是一本非常吸引人的畅销作品的时候，突然峰回路转的第三十章开始了，接下来出人意料的故事"对位"，让一老一少两位作家的"暗战"从低处又荡到了高位，库雷西结构小说的方式让他原本迷人的叙述更加深刻了。即使是追求可读性与销量的作品，也应该具有文学和人性的力量。可惜，我们的一些电影和小说离此甚远。

[英]哈尼夫·库雷西　著

曹元勇　译　浙江文艺出版社

《黑色唱片》

　　成长、文化冲突、底层的边缘的生活，把这些融合在一起，构成了这部小说的主基调。库雷西式的生活质感，没有离奇与巧合的故事，但有抓人的力量，我一直在想这力量来自何处。也许是生活的质感，也许是生活表象后面隐秘的人性，也许是作家的迷人叙述，也许是黑暗里微茫的那一线亮光：挣扎，疼痛，以及无奈。

[英] 哈尼夫·库雷西　著

王莹莹　译　　上海文艺出版社

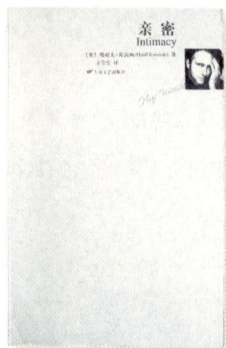

《亲密》

　　一个中年男人想要逃离自己的家，理由是那个家让他感觉不到生活的快乐。这大概是相当多的中年男人内心都曾经有过的念头，原因也许复杂，也许简单，大约正如老托尔斯泰所说，不幸的婚姻各有各的不幸。库雷西只用了七万多字，把一个准备逃离家庭的男人离开之前的两天里的生活和内心的纠结与矛盾写得淋漓尽致。这又是一个关于爱的故事，却不只是感情，而是人生、人性中最复杂微妙的构造，库雷西写出了其中的沉重与疼痛，人性与现实的冲突是内生的，也许还是永恒悖论。这部小说改编的电影，得过柏林电影节金熊奖，只是不知道电影是否能够传达出小说的味道。

［英］哈尼夫·库雷西　著

吴忆枝　译　　上海文艺出版社

《虚无》

　　六十岁以后，库雷西似乎跟老人杠上了。《对话终结》之后，紧接着又来了一部《虚无》，前者关注的是一位生活和创作都陷入困境的老作家，后者的主人公则是八十多岁的著名导演、制片人。"我老了，病了，精液所剩无几。不知道还能有多糟。但就在那个夜晚，我又听到了这些动静……我敢肯定他们正在齐娜的卧室里做爱，她的房间就在我的隔壁"——小说开篇第一句，就进入了主题：老年人的性，生命垂暮之际的痛苦、绝望和复杂的心理折磨。他怀疑妻子和他的年轻的老相识有婚外情，他观察、分析、追踪，寻求证据并开始了看上去可笑的报复行动。小说有着他一贯的幽默，有着他对性的一贯的关注，也像上一部小说《对话终结》一样，看似荒诞却又深具生活内蕴，让人在荒诞中看到了生活的背面，那里藏着让人惶恐不安的真相。小说的结构与人物设置上似乎也与《对话终结》有某些相似之处，一个老人（作家，导演，都是库雷西最为熟悉的人物）、他的行为似乎超出常理的妻子、他的年轻的男性崇拜者，三个人之间的微妙关系与处境……或者，这正是伦理与性爱小说的典型构造？但这种似曾相识的感觉多多少少还是让人有一点失望，然而能不能有更好的结构方式和人物设置呢？似乎又并不是一个简单的问题。或者这就是"好故事早已经被讲完"的无奈？仅就讲故事而言，库雷西是一位不容置疑的杰出小说家，但是总感觉离经典作家还差那么一点点，到底差了什么呢？也或许，在今天这个时代，我自己对经典作家的理解需要重新定义。

［英］哈尼夫·库雷西　著

欧阳昱　译　　上海文艺出版社

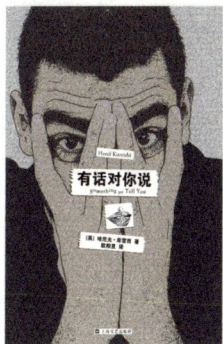

《有话对你说》

　　库雷西是巴基斯坦裔的英国人，之前的小说很有影响。近年这种移民作家的作品大为风行，大概是因为其作品中先天地内蕴着的文化冲突更能引起生活富足却平淡的发达资本主义世界的兴趣？此书由诗人欧阳昱翻译，译笔比之前看到的库雷西的几本小说更有味道。我从书店出来，阳光很强，站在公交站牌下等车的时候，信手翻开，竟然被深深地吸引，并且有奇迹出现——我的老花眼竟然不觉得花了！随即推荐给有同好的朋友。

[英]哈尼夫·库雷西　著

张廷佺　译　　上海文艺出版社

《整日午夜》

　　在读完了《有话对你说》之后很久，我才读到《爱在蓝色时代》，正是这部精彩的短篇，促使我想要把库雷西其他的小说都找来读一下。在网上能搜到的库雷西的小说，被我一并买了回来，除这本外，还包括《亲密》、《身体》（卢肖慧译，上海文艺出版社 2008 年版）、《加百列的礼物》（管笑笑译，上海文艺出版社 2008 年版）、《郊区佛爷》（师康译，上海文艺出版社2007 年版）。首先，阅读《整日午夜》不仅是因为介绍说它是库雷西最受欢迎的集子，更大原因在于这书名的悖谬与冲突："整日午夜"。也许通常人们会认为这是一部爱情小说，但我更倾向于认为它是一部人生故事，只是这些深刻细致的人生况味在爱情关系中被传达得更尖锐、更触及内心的孤寂，其实是生命的孤寂。但在爱情小说的外壳下，其他的意味有点被冲淡了。在我看来，他并不是在描绘爱情的残酷与美好，而是在揭露生命之中的残酷与无奈。在今天，也许只有对生活有话要说的人，才会把小说写到这般极致。

[西班牙] 哈维尔·马里亚斯　著

蔡学娣　译　　人民文学出版社

Los enamoramientos
Javier Marías

迷情

《迷情》

　　马里亚斯饶舌而又富于想象力——也可能是超常、丰足、奇崛却合理的想象力让他抑制不住自己的饶舌，他太喜欢述说想象出来的事情了，读这本《迷情》的时候，总是让我想起西班牙电影里那些从头到尾总是说个不停的家伙。也许是因为这本书里他是假一个女人之口在讲故事，而且是一个有点离奇的爱情故事，而这让他的饶舌有了充分的理由，相比之下，他的那本短篇集子《不再有爱》就节制多了，当然，这和体裁不无关系。虽然略嫌饶舌，但是不得不承认，这部小说的叙述着实迷人。一方面是叙述者女主人公弥散开来的思绪与心理，另一方面则是故事的离奇与意外，这都是足够吸引人阅读的力量。不过也因为他太喜欢饶舌了，镶嵌在小说中间被男女主人公不断分析和讲述的巴尔扎克的小说《夏贝尔上校》（现中译本多为《夏倍上校》）中夏贝尔的故事与心理，虽然和主人公们的故事构成了一种对位，但在这部小说中，这个嵌套的分量似乎太重了，重到你必须得把《夏贝尔上校》找出来再读上一遍。我以为对一个杰出小说家来说这并不是明智的做法，而马里亚斯据说已经多次出现在英国博彩公司的诺贝尔文学奖赔率名单上了。又据说他是备受库切、拉什迪、帕慕克、波拉尼奥等一众小说大家推崇的西班牙当代作家，而我们对此所知甚少，尽管我们的翻译界对西方作品的译介数量相对于西方对我们的译介已经是几何量级的差别了，但我们对世界当代文学的了解仍然有限，地球村的时代，我们在文学上和西方似乎仍然属于不同的世界、不同的时代。

［以色列］哈伊姆·毕厄　著

王义豹　译　　上海译文出版社

《充斥时间的记忆》

　　这是上海译文版的"以色列当代文学译丛"中的第八本，第一本是奥兹的《黑匣子》，哈伊姆·毕厄似乎没有奥兹那么大的国际名声，但是他的作品另有迷人之处。这本《充斥时间的记忆》被公认为以色列的后现代小说代表作之一，以我的看法，他在这本小说里，是真正地实践着元小说的理论，并且把互文性带到了一个出神的境界。值得习文学的朋友一读。

[美]亨利·詹姆斯　著

高兴　邹海仑　译　　浙江文艺出版社

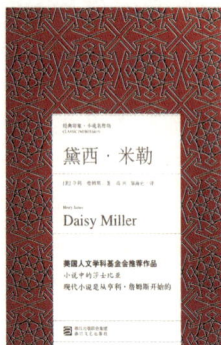

《黛西·米勒》

　　这本书之前于 2007 年在上海译文出版社出版，译者是赵萝蕤、巫宁坤等。浙江文艺出版社出版的这本是高兴和邹海仑的新译。亨利·詹姆斯是现代小说的先驱之一，现在已经进入经典作家行列。本书收录作者小说三篇，包括中篇《黛西·米勒》、中篇《螺丝在拧紧》和短篇《真品》，算是作者的代表性作品的合集了。经过一百年之后，现在看来，这部书中的生活似乎已经有些遥远了，但关于个性、自由与保守、僵化之间的冲突，仍然不显得过时，而小说中关于这冲突和感情的迷人的表达更令人爱不释手，这样的小说，或许就可以称为具有永恒的文学价值了吧。但这也仅仅是小说进入现代的起点性作品，而我们的小说似乎离现代性还有些距离——是一百年吗？也许我不应该这样来谈论文学的进步与否。有人认为文学不存在所谓进步与落后，我想那指的是经典作品。文学尤其是小说与时代以及永恒价值之间的关系是那么复杂而微妙，谁说得准？

［阿根廷］胡里奥·科塔萨尔　著

范晔　译　南京大学出版社

《克罗诺皮奥与法玛的故事》

　　读完这本小书之后，我甚至无法为它归类，小说？随笔？小品？故事？或者可以叫作"幽默随笔故事集"？但版权页上的分类项里明白写着是小说，而且它还有一个整体的结构。可能是科塔萨尔本人这么归类的，那么他真是一个小说文体的"坏孩子"。他刻意这样做的意思，仅仅是觉得这样有趣，让我引用本书中的一个词条来佐证——"革命"：科塔萨尔曾说文学的任务是"为了提出问题，引起不安，为真实的新的前景敞开智力和感觉"。这本游戏之书想来也不例外。这是一本颠覆性的有趣的小书。适合边读边笑边想。

［阿根廷］胡利奥·科塔萨尔① 著

林之木等 译 中央编译出版社

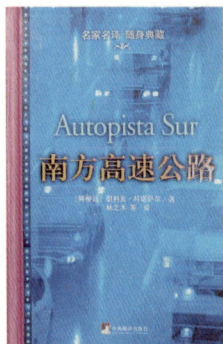

《南方高速公路》

　　一本六十四开的口袋书，收录了科塔萨尔最重要的十个短篇，从早期的《被侵占的住宅》到晚期的《我们如此热爱格伦达》等。其中有两篇来自《动物寓言集》，两篇来自《万火归一》，此二书均有人民文学出版社单行本。这种在国外很流行的口袋书，非常方便旅途中阅读，可惜的是，国内很少有出版社做这种努力。中央编译出版社的这套"名家名译·随身典藏"丛书，倒是个不错的尝试，只是硬面精装有点夸张，如果是软精装譬如企鹅版的"小黑书"那样，可能携带会更为方便。

----

　　①胡利奥·科塔萨尔，又译作胡里奥·科塔萨尔。

［阿根廷］胡利奥·科塔萨尔　著

李静　译　　人民文学出版社

《动物寓言集》

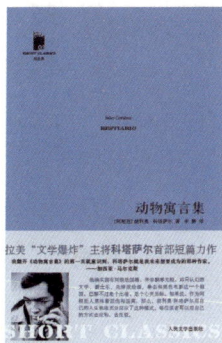

　　科塔萨尔的第一部小说集。正是这本小说集让拉美文学界认识到了这位作家，当时他三十三岁。我尤其喜欢其中的《被占的宅子》和《天堂之门》。读这本只有八篇的小说集，恰好印证了我的一个关于伟大诗人的说法："通向伟大的道路，从一开始就是伟大的，不是到了后来才站到伟大的台阶上的。"当然，也只有伟大的读者才会从一开始就认识到他，就像马尔克斯、博尔赫斯一开始就认识到了科塔萨尔那样。

边缘

Les Lisières

耳证人
The Chatterton

耶稣之子
美国国家图书奖得主

终结的

暴力夺取
The Violent Bear It Away

Hanif Kureishi
THE LAST WORD
对话终结

LOVE IN A BLUE TIME
爱在蓝色时代

耶稣的童年
The Childhood of Jesus

柠檬桌子
朱利安·巴恩斯 著
2011 布克奖获奖作家

THE
ORIGINAL
OF
LAURA
劳拉的原型
Vladimir Nabokov
弗拉基米尔·纳博科夫 著

儿童法案
The Children Act
伊恩·麦克尤恩

Josef Skvor
Obyej

夏日

Levels
of
Life
生命的层级
朱利安·巴恩斯 著

物
LES CHOSES 六十年代纪事
乔治·佩雷克

Interpreter

疾病的

[丹麦] J.C.龚达尔　著

苏莹文　译　　重庆大学出版社

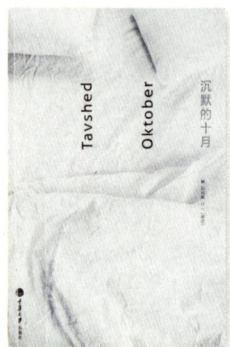

《沉默的十月》

　　在如泣如诉的回忆中，庖丁解牛般地将爱情与婚姻中细微的肌理与纹理剖解开来。通常，当我们谈论爱情时我们在谈论什么？那些总是被我们忽略的部分，那些甚至被婚姻与爱情中人自己也忽略的部分，那些瞬间的心思，那些最让人不愿意触及和面对的小动静，在作者的刀下，渐渐显现，令人吃惊。套用我们旧时的语言评论这个书，可能会粗暴地说"深刻揭露了资本主义社会虚伪的爱情和家庭生活"。但是，龚达尔，这个"杀手"不太冷，他所展开的生活景象如此揪心，如此温暖，如此残忍，又如此深刻。一本迷人的小说，可惜错别字有点多。

[南非] J.M.库切 著

文敏 译 人民文学出版社

《他和他的人》

　　库切的所有作品，似乎都在写他自己——他的生活和他的思想，写他在人生的每个年龄阶段的生活、处境与思想，他作品的主题是随着他的年龄变化的。这样的作家，写着写着最后就走向了哲学与宗教。库切近几年的作品《凶年纪事》《耶稣的童年》《耶稣的学生时代》以及这本以女作家伊丽莎白（这个伊丽莎白，也是库切另一部长篇《伊丽莎白·科斯特洛：八堂课》的主人公，库切的研究者认为，伊丽莎白其实是库切假托的一个女版的自己）晚年生活为题材的短篇，都带有这几个明显的主题：作家的晚年生活、哲学思考、宗教，包括他的文学言论。这是一个伟大作家的内心必然的路径与线索吧？

[南非] J.M.库切 著

文敏 译 浙江文艺出版社

《铁器时代》

　　一位伟大的小说家，他应该为他的每一部小说都找到恰当的形式，库切就是这种能为自己的小说找到恰当形式的小说家。库切的每一部小说，在形式上都有明显的区别，甚至差别相当大，大到让你以为这是出自不同作者之手，然而，这些却都是库切式的小说。《铁器时代》应该算是他中期的作品，出版于1990年，是他第六部小说，从这部小说里，能够看到他后来在《耻》和《夏日》里的叙事风格，虽然结构方式完全不同，但其细腻、沉郁、不动声色，深深地切入南非的生活现实的本质却是一贯的库切式。阅读库切的小说，不仅被他的迷人的叙事所吸引，也不仅为他对人性和现实的深刻把握感到吃惊，还会对一个小说家该如何表达产生无限的遐想和思考，而一个同样写小说的人，就不得不对库切这样的作家由衷地生出敬意。我想，这就是伟大小说家才会散发出的魅力。

[南非] J.M.库切　著

文敏　译　浙江文艺出版社

《夏日》

　　库切的长篇小说《夏日》，又一次验证着库切作为"小说文体实验者"的胆量。我们看到的库切的每一部小说，都是完全不同的模样。他似乎不屑于驾轻就熟，总是要在每一部新作里尝试不同的小说作法，甚至完全漠视人们既有的小说观念，"日日新"在他的小说写作中变成了"部部新"。我对作家这种超然与自信充满了敬意。从上一部《凶年纪事》到这部《夏日》，他都在把小说推向小说的边缘。有人说它是自传、是回忆或者是别的什么，又有什么关系呢？库切让我们重新思考小说在当下的处境，让我们重新思考现代小说的可能性。也许，小说根本就不是我们过去埋解的那个样子，它有更大的可能性，所以小说这种文体才是古老而常新的、有生命力的。

［南非］J.M.库切　著

文敏　译　　浙江文艺出版社

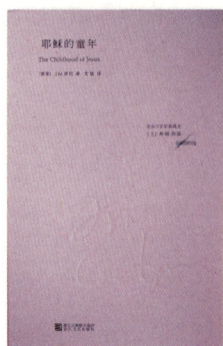

《耶稣的童年》

　　这是一个新世界，他们来到这里，他们没有名字没有过去没社会关系，新世界给了这一老一少名字——西蒙和大卫，给了他们房子，给了他们新的生活。这一老一少，西蒙智慧理性，大卫则是个满脑袋异想的天才儿童，但他太小了，才不到六岁，西蒙认为他应该有个母亲并且为他找到了一个做他母亲的人——伊妮斯，他们的故事和麻烦由此开始。库切从南非来到澳大利亚很多年了，他甚至加入了澳大利亚籍，尽管他得诺贝尔文学奖的时候还是算作南非作家；澳大利亚对库切这个新移民而言，也算是新世界吧？澳大利亚是移民输入国，澳大利亚是新世界，库切在这里，一定有很多不同于他在南非时的生活感受和发现。他此前的颠覆小说叙事方式的《凶年纪事》和这本《耶稣的童年》，都和来到新世界的生活有关。一切从头开始，从无开始，是否有创世味道？在这本小说里，几乎有点生而知之的天才儿童大卫，是一个象征意义的耶稣吗？库切来中国和莫言等做了文学对话，显然这个做了许多年文学教授的人并不是一个喜欢夸夸其谈的人，但他绝对是一个思考文学的作家。他的小说几乎每一部的结构方式和叙事方式都是不同的，他对个人生活经验的挖掘，几乎每一部也都是不同的。这样的作家，在文学史上并不多见，尤其是，他每一部都写得如此出色。他已经八十岁了，我以为他是仍然在世并且充满了创造力的这个时代的伟大作家。

［哥伦比亚］加西亚·马尔克斯　著

范晔　译　　南海出版公司

《百年孤独》

　　这本书在中国实在是太有名了，对中国当代作家的影响也实在是太大了。在过去的二十多年里，国内已经出现过多个《百年孤独》的译本，而现在这本才是第一个正版译本，"新经典文化"斥巨资引进，是尊重版权的一个里程碑式的举动。第一时间买这本正版《百年孤独》，我内心是兴奋的，虽然此前我已经收有多个版本。对这本书的喜欢自不待言，但距离第一次阅读《百年孤独》，已经过去了二十六年。重读这部小说，再次感叹这部作品的伟大，它的超乎寻常的想象力与诗意的语言，它的叙述的精彩与简洁，它的令人吃惊的丰富性，在重读中仍然令人震撼。同时也感叹国内作小说者二十多年里对它的误读与荒唐模仿，或许，重读会让作小说者有新的体会？一部杰出的小说，是当得起反复阅读的，而它的丰富性，也许真的是需要在时间的长河中反复回流，才能显现出伟大小说的本色。

[哥伦比亚] 加西亚·马尔克斯　著

轩乐　译　　南海出版公司

《苦妓回忆录》

此书是马尔克斯的封笔之作，虽然写的是一个九十岁的老嫖客在这一年里的奇异生活，但是确如美国小说大师厄普代克所说，读来有一种迷人的高贵感，这"是他给行将消逝的光，写的一封情书"。合上这本小说的时候，一个长久以来令我疑惑的问题，突然有了一个明确的答案：所谓魔幻现实主义小说，也许应该叫作传奇现实主义小说，只有在传奇的现实中才能生长，所以本质上它就是现实写照，就是写实主义，根本不存在什么魔幻。

[美国] 杰克·凯鲁亚克　著

陈珊　译　　人民文学出版社

《俄耳甫斯诞生》

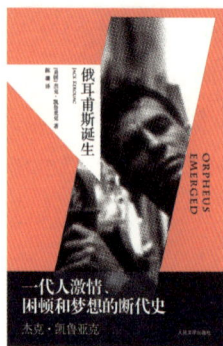

　　这本小说算是凯鲁亚克的"少作"，写作此书时他刚刚二十二岁，还是个文学青年。但这已经是他的第二本小说了，虽然不乏青涩，但他的小说才能却已经逼人地显现出来。小说里写的也是一群喜欢艺术与诗歌的年轻人的生活，正是作者写作此书时的年纪，其中多少都有他自己和他的朋友们的影子在。正如《在路上》一样，凯鲁亚克的小说，总是把自己的生活稍加修改就直接端出去了，而这正是他的特征之一。

［美］杰西·鲍尔 著

任秋红 译   江苏凤凰文艺出版社

《回不去的旅人》

　　如果你轻信图书广告对一本书的介绍——通常都会夸大其词或者强调某一点而不提其他，那么当你真正开始阅读时可能是失望的；如果你轻信所谓的小说评论家关于某本小说的一句精彩推荐——这些话通常会印在书腰上面，那么当你因此把这本书买回来，你会发现也许他说的根本就是另一本书。反正我不相信他们说的，尤其是长篇小说，我通常要在读过二十页之后，才能确定这本书是否值得一读。

　　读《回不去的旅人》读到第三十页的时候，我想，我差不多已经进入自己所感慨的境地了。一位即将离世的父亲开车带着儿子出门进行人口普查，随即展开的旅行并不像介绍者所说，但乍看上去似乎颇有意味。人口普查这件事情显然是虚构的，但小说大部分时间在讲人口普查，当然，还有回忆，所以他们差不多算是展开了一场寻根之旅，因为所到之处通常是故人和祖辈曾经生活的地方，偶尔意外遇到对故人、祖辈的人生多少有些了解的人。最后，父亲临终时将儿子送上了一列象征性的火车。那么，这是一次怎样的旅行呢？也许正如小说开始时主人公所说，"这会让我们有事可做，让我们在最后一段时间里团聚在一起，除此之外，这还会让我们的生活具有一定意义。和生活中其他事情一样，这既可以让我们的生活不失意义，同时又不用刻意去追求什么意义"。平常人的平常人生，大抵就是如此吧。然而，小说通篇叙事随意，有时甚至上下文衔接不上——如果说碎片拼接算得上一种小说叙事手法的话，那拼接本身也得有点什么意味才好。

杰西·鲍尔生于 1978 年，据说他是美国当红的新一代青年小说家，其作品中畅销、获奖的不少，另一本只用了六天写完的长篇小说《自杀式疗愈》甫一出版就入围了美国国家图书奖。但我以为，相对于 20 世纪那些大作家，真是显得肤浅太多了。美国的年轻一代小说家也许是被商业化惯坏了，就和其他众多的年轻小说家同时被商业和主流意识宠坏了类似，倒是有些欧洲的年轻小说家写得更有味道，对人性的挖掘和理解也更深刻一些。

K

科尔姆·托宾《母与子》
克莱尔·吉根《南极》
克莱斯特《O侯爵夫人》

[爱尔兰] 科尔姆·托宾　著

柏栎　译　　人民文学出版社

《母与子》

　　托宾的名气不小，但可能更多的来自他的长篇小说《布鲁克林》《大师》等，他的短篇小说并不像评论家所说的那样迷人，起码读到的这个版本的《母与子》不是那么迷人。也许是托宾这部集子的爱尔兰气味不对我的胃口吧，记忆中我似乎在一开始的时候也不怎么喜欢詹姆斯·乔伊斯，叶芝我也不怎么喜欢，但是好作家很多，爱尔兰的好作家尤其多，反正我是读不完的，为什么非得把这一种和那一种爱尔兰气味搞清楚呢？读我喜欢的好了。

［爱尔兰］克莱尔·吉根　著

姚媛　译　　浙江文艺出版社

《南极》

　　这是吉根的第一部小说集，收有她的成名作《南极》等十五个短篇，吉根的小说，冷静，细腻，对生活中的人性的微妙有着天才般的敏感，而在表达时却不动声色，看似不经意的生活细节，在她的小说中都有着对人性的精确认知。我个人以为，这部处女集比之后的那本《走在蓝色的田野上》更迷人一些。

[德] 克莱斯特 著

袁志英 译　　上海译文出版社

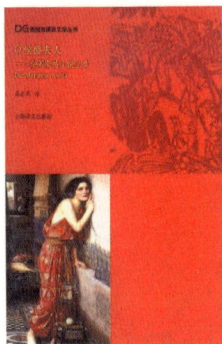

《O侯爵夫人》

　　这本书的名字在我的记忆里存了二十多年，但我从未见到此书。当时是阅读德国作家海因里希·伯尔的名作《莱尼和他们》，小说中多次提到这篇叫作《O 侯爵夫人……》的小说，每次提到时，主人公莱尼或者莱尼的朋友们都会露出暧昧的表情，这引起了我极大的好奇，但是却无从找到这篇小说。20 世纪 80 年代，上海译文出过一本名为《O 侯爵夫人》的外国小说选，但我未曾读到。这本《O 侯爵夫人》是"克莱斯特小说全集"中的一本，阅读该集可以更全面了解这个德国浪漫派作家。

L

莱昂纳德·科恩《美丽失败者》
雷蒙·格诺《风格练习》
雷蒙德·卡佛《火》
理查德·福特《千百种罪》
理查德·福特《石泉城》
理查德·耶茨《好学校》
莉迪亚·戴维斯《几乎没有记忆》
莉迪亚·戴维斯《故事的终结》
莉迪亚·戴维斯《困扰种种》
莉迪亚·戴维斯《不能与不会》
罗贝托·波拉尼奥《护身符》
罗伯特·穆齐尔《两个故事》
罗伯特·穆齐尔《在世遗作》
洛丽·摩尔《美国鸟人》

［加拿大］莱昂纳德·科恩　著

刘衍衍　译　上海译文出版社

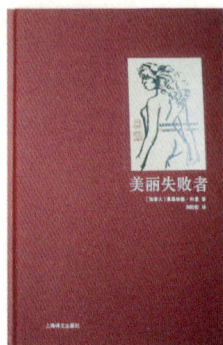

《美丽失败者》

　　这并不是一本能够让一般的读者顺畅阅读的小说，虽然它远没有《追忆似水年华》那样的沉闷，并且充满了奇异的性描写、同性恋、毒品以及穿越——在虚构的历史与现实之间穿越，但要想轻松阅读也并不容易，小说的表达方式恰也和20世纪60年代那疯狂的革命时代相吻合，与嬉皮风格相吻合，人物的内心矛盾与冲突也是美国20世纪60年代"反文化运动"的范式。此书被称为加拿大的第一部后现代小说，跟亨利·米勒的味道有某种类似之处。作者实际是个十足的玩家、诗人、词曲作家、歌手、作家、演员，据说书在当年出版了之后，他就再也不去管它了，后来干脆离开了文学界，去做和尚了。之前买到他的诗集《渴望之书》，民谣风格的现代诗，非常有特点。这本被称为后现代小说的《美丽失败者》，也算是一本奇异之书，对于做文学的人来说，莱昂纳德·科恩，是个很值得了解和研究的人物。

[法]雷蒙·格诺 著

袁筱一 译　　人民文学出版社

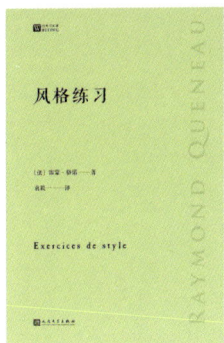

《风格练习》

　　一个衣着和外貌都有些乖张的青年，在 S 路公交车上与人发生争执，但还未等对方反应就放弃了，冲向一个空座位。不一会儿，他又出现在圣拉撒尔火车站，和另一个人讨论外套上的纽扣。这个事情被作者用不同的方式讲了 99 遍。读雷蒙·格诺的《风格练习》，只要跳跃着翻上几页，马上就会生出一句感叹：把小说写成这样简直就是疯子的行径！然而这部小说却是在强硬如钛金的理性支配下进行的小说实验，正如书名《风格练习》。小说到底可以极端到什么程度？试一试就知道了——其实它有无限的可能性，问题只在于你敢不敢试——不仅是写，还包括阅读，你在多大程度上开放自己的阅读角度或层级，也决定了书写的开合度与可能性，甚至决定了你将成为什么样的小说家。在这个意义上，一些作家基本上已经不可救药了，放弃对他们的关注和阅读，是一个基本态度，目光投向窗外，首先是对视力有好处，视力好了然后才有资格讨论小说的可能性。当然，对于不写小说的纯粹读者，他们从来就和主流作家是一伙的，正是他们的合谋才造就了所谓主流，我对小说的信任来自他们的反面，即对小说的可能性的极度好奇，以及，以此好奇心不断尝试的写作者，哪怕他几近于疯子或者钛金一般强硬的理性。而当我读完这部奇特的作品，合上书本以后，我不得不说，雷蒙·格诺是一杰出的文体家。

［美国］雷蒙德·卡佛　著

孙仲旭　译　　译林出版社

《火》

　　雷蒙德·卡佛的小说，我读过两三本，我没有感觉到他的狂热的粉丝们所说的那种所谓的好，也就是说，我觉得他是个二流甚至三流小说家，写得比较没劲，比较无趣，比较沉闷，就像豆瓣上那些喜欢闷片的人所喜欢的那种——恰好卡佛的中国粉丝们集中在豆瓣上，这是巧合还是气味相投呢？雷蒙德·卡佛的随笔，我也读过一些，比较啰唆，而且经常夹缠不清，完全不像他们说他的小说的时候提及的一个词：极简主义。随笔和小说一样看不出才华与思想。也许，雷蒙德·卡佛让缺乏想象力和生活趣味的写作者给同样无趣的自己找到了小说可以无趣的理由吧。买这本《火》纯粹是为了看看他的诗是不是有什么惊人之处，但我花半个晚上读完之后，和读他小说的感觉一样，乏味，而且……没劲。也许这只是我在某一刻对卡佛的不以为然，或者在更长的时间之后，他又会让人惊喜？阅读有时候就像谈恋爱，从不喜欢到喜欢，或者从喜欢到不喜欢，都需要时间。

[美国] 理查德·福特　著

徐振锋　译　　上海文艺出版社

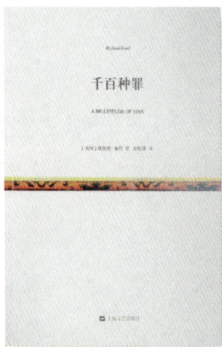

《千百种罪》

　　理查德·福特在 20 世纪 40 年代出生的美国作家中，应该
称得上是一个杰出的短篇小说作家，他对人性中黑暗而又微妙
的、痛苦与绝望的瞬间，有一种不动声色的表达。尤其这本出
版于 2002 年的《千百种罪》，对男女情感、两性关系的现代处
境的把握，独到而又细致。福特被收入"短经典"系列里的两
本集子《石泉城》和《千百种罪》，我都很喜欢。然而读完之
后，掩卷细思，又觉得似乎有种一言难尽的失望与不满足，除
了故事会迅速淡忘之外，还有一种欠缺之感，他小说中缺的那
点东西似乎也是保罗·奥斯特小说里缺的，而他们同为 20 世纪
40 年代出生的作家，是否有某种共通之处？但缺的是什么呢？
福特深得稍长于他的前辈作家赏识，欧茨和卡佛都对他赞赏有
加，但与年龄更长的前辈相比，缺的那些东西就比较明显了。
无论是对比现代小说大师厄普代克，还是参考后现代大师巴塞
尔姆，除了先锋指数下降，也少了厚重的哲学层面的沉淀——
关于人类命运与存在的大背景。这倒是让我想到了当下活跃的
一批当红的年轻作家，与 20 世纪八九十年代的那一批小说家相

比，似乎也有类似的感觉，同样也是少了点先锋，少了哲学层面的宽阔与厚度。难道文学的发展过程也可以在不同的国度重演？或者，这就是文学在波浪式行进中的峰与谷的必然？

[美国]理查德·福特 著

汤伟 译 人民文学出版社

《石泉城》

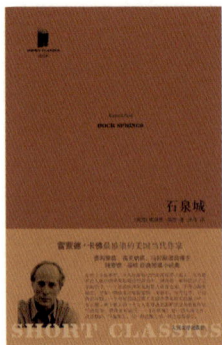

　　作为一个写作学教授，他似乎要把自己的小说写成标准的范文，收在这集子里的短篇于是被称为"经典短篇小说形式的教科书"。对于学习写小说的人来说，范文是必不可少的，但是不是小说都要写得像范文一样才可能成为经典则另说，我以为短篇小说还有许多样式，福特的短篇只是一种，只是一种好，收在这里的十个短篇只表现了一种好。细小的生活细节和重要的人生变故构成的小说固然是好的，但对写小说的人来说，还可以有更多种的好。

[美]理查德·耶茨　著

姜向明　译　　上海译文出版社

《好学校》

　　耶茨用十万字写了 20 世纪 40 年代的一所美国中学里学生和教职员工的生活——似乎是一些乏善可陈的生活。小说结束于学校的关闭，看上去就像为了这个结果而设计的一部小说，背景是第二次世界大战。对耶茨的评价在书的护封和扉页上写了不少，包括一些美国小说大家和著名书评杂志的夸奖之语。但就我的阅读感觉而言，那些评价显得有点言过其实，或者说，他是一个写生活故事的好手，却并不是一个具有伟大作家气质的人，其小说也缺乏伟大小说的质感，起码就这本《好学校》而言，并没有传说的那么杰出，这让我稍感失望。或许，如果他的小说手法更现代一点，会更好？他在长达几十年的时间里被读者遗忘，总是有原因的；而 21 世纪之后随着《革命之路》同名电影的火爆而再上畅销榜，恐怕是另一个问题了；作为一个年纪不小的小说读者，耶茨这样的作家已经不能吸引我了，虽然他被夸得像个大师。

[美] 莉迪亚·戴维斯　著

吴永熹　译　　重庆大学出版社

《几乎没有记忆》

　　坦白地说，买这本小说集很大程度上是因为知道作者是美国著名小说家保罗·奥斯特的前妻，是一个陪伴着奥斯特从美国到巴黎又从巴黎回到美国，一起度过了奥斯特文学生涯早期最艰难的时间的女人，据说她仍然把奥斯特称为"我丈夫"，她在小说里也是这么写的。再坦白地说，这本小说集中的小说，写得有些另类，其中一些篇章又颇类于我国的《剪灯新话》《清平山堂话本》的作法，正面一点、积极一点地评价，应该说她拓宽了美国短篇小说的样式，她似乎在一些篇章中刻意地摆脱短篇的故事性和完整性而更强调语言与感觉，这让她获得了"作家中的作家"这样的美誉，但对一般读小说来消遣的读者来说，这样的作品并不是那么吸引人；无论美国人如何评价，无论她得了多少文学奖，起码在中国，她的作品可能只是少数人的读物。

[美] 莉迪亚·戴维斯　著

小二　译　　中信出版集团

《故事的终结》

在一个三十岁出头的大学女老师和小她十二岁的情人之间，会有怎样的故事？想读故事的人可能会感到失望，这本书的精彩之处并不是故事而是感觉。莉迪亚·戴维斯对人性、人心、人情复杂微妙状态的传达在这里达到了迷人的程度，叙述和词语的精细准确简直令人吃惊。如果要用一句话概括这本书的写法或写的是什么，那么恰好可以用上另一个当代小说大师巴恩斯的曼布克奖得奖作品《终结的感觉》的书名。是的，她写了一个女人和小她十二岁的情人短暂的感情终结多年之后的感觉，在回忆与忘却之间，打开了也打通了当时与事后多年之间的所有感觉，是现场又是审视，是事实又是悬想，是存在又是虚构，所有的麻烦、猜疑、痛苦、别扭、无奈、美妙、欢愉、谎言、挣扎和恋恋不舍，都像一团生活与时间纠缠的乱发被一根根地理出来了。在这本书里故事并不重要，甚至无所谓故事，在这里人性的复杂即是小说的光辉。

莉迪亚·戴维斯的短篇小说是突破传统小说边界的写作，尤其是她大部分的短篇完全抛弃了故事，这可能会令她失去许多普通读者，却得到了专业读者的赞赏。她的这部长篇也是如此，她完全沉浸在对人性和感情微妙复杂的动态的挖掘之中，女性的细腻和灵动在这本书里得到了充分的施展。她与前夫保罗·奥斯特的小说着眼点有很大的不同，保罗·奥斯特很会讲故事，而她似乎不屑于讲一个完整的囫囵个的故事，她偏爱细节、感觉和碎片。如果说保罗·奥斯特更多的是属于大众，那么她更多的属于专业读者，她之所以被称为"作家中的作家"，大概也与此有关。

　　顺便说一句，这本书的翻译和莉迪亚的小说非常般配，我甚至不能想象译得还能如何更好。

[美] 莉迪亚·戴维斯　著

吴永熹　译　　中信出版集团

《困扰种种》

就阅读而言，我们——当然首先是我，还不大适应莉迪娅这种短篇小说的新形式，在阅读的过程中，会有一个疑问不断地跳出来：这是短篇小说吗？这还算是小说吗？它们长短不一，有些篇目甚至短到几句话，短到一行字。基于我们过去对短篇小说的了解，不怀疑是不可能的，不仅是篇幅问题，还包括那些乍看上去与传统短篇差不多的篇章，其所写的内容也让人感到疑惑——既新鲜又疑惑，疑点仍然是关于小说的经验与观念的。《时代周刊》的评论说："她写下的正是我们都在思考却难以形容的东西。"这个说法自然是没有什么错的，只是就我们对小说的理解而言，她越过了我们的定义边界，或者我应该下个判断，她这样的小说写法已近乎诗。坦率地说，这是能给我带来某种文学灵感的书，但与此同时我却对她在书中所写的很多内容并无太大的阅读兴趣——或者说其内容并没有给我带来阅读快感。我知道实际上是因为我不习惯所以不喜欢她这种小说方式，但它的局部还是触发了我的思考，或许对于一个专业文学读者来说，这恰是其价值所在。我非常赞赏她在小说形式上的这种探索和开拓，即便暂时还有阅读上的不顺畅，不过我觉得"不明觉厉"也是一种积极的态度，起码我欣赏你前倾的先锋姿态。

[美] 莉迪亚·戴维斯　著

吴永熹　译　　中信出版集团

《不能与不会》

　　与其说她改变了短篇小说的样式，不如说她创造了一种短篇小说的新形式，短篇可以如此之短，短到一行字，短到一小段，短到半首诗，短到脱离故事然后令人怀疑——这还是短篇小说吗？是的，她说是的。与其说她发明了一种短篇小说，不如说她解放了短篇小说。被解放了的短篇小说在她这里变得如此自由，多姿多彩，像一个篮子装了很多种水果正在开水果大Party，像一片海里面游着色彩斑斓的大鱼小鱼虾蟹水草。与其说她是在结构小说，不如说她是在解构小说。与其说她是在写小说，不如说她是在命名小说，我觉得她是用自己的名字命名了这种新样式。所以曼布克奖评委会认为这是"我们从未读到过的东西"，在小说家们普遍忘了还有文学革命这回事的时候，她用自己的方式，对短篇小说文体进行了革命性的变革。她把自己的生活（包括外在的现实生活和内在的精神生活）变成了小说，这些看上去似乎颇有点纪实色彩的篇章，其实完全是一种创作，你以为真实的也许正是虚构的。你以为她不讲故事但故事可能在最深处，你以为是闲笔的很可能是她最在意的部分，你以为它是诗（譬如《狗毛》里这句结尾：只要我们收集到足够的毛发，我们就能把狗拼凑回来了），但它绝对是一篇感人的小说——即使这篇小说还不足二百字。当文学保守主义在我们这里越来越大行其道，尤其是我们的小说家对小说文体的变革早已经失去了内在动力的时候，读莉迪亚·戴维斯的短篇小说，让我获得了一种在水底憋了太久，突然把头从水底下探出水面大口呼吸的畅快。不过购买这本《不能与不会》的过程却并不畅快，不知道是不是楚尘刻意在用饥饿销售策略，这本小说集只在有限的一些书店里出现过并且时有时无，而几个大的图书销售平台似乎一直都在预订当中，我差不多用了五个月的时间，才拿到了这本莉迪亚·戴维斯的最新小说集。不过还是得感谢"楚尘文化"，把莉迪亚·戴维斯的四本小说介绍过来，据三本短篇小说集《几乎没有记忆》《困扰种种》和《不能与不会》的译者吴永熹女士介绍，这三本书的原著出版，每两本之间都隔着二十年，对于一个职业小说家，这意味着什么是很值得我们思考的，不过我倒是觉得，每隔二十年出版一本这件事本身，首先就是一部莉迪亚·戴维斯式的短篇小说。

[智利] 罗贝托·波拉尼奥 著

赵德明 译 上海人民出版社

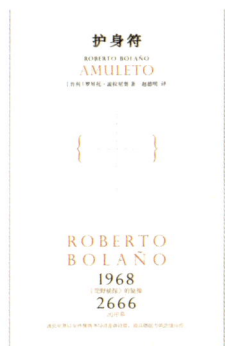

《护身符》

　　波拉尼奥四十岁开始写小说，到他五十岁去世，留下了十部长篇小说、四部短篇小说集、三部诗集，这是一个十分惊人的数量，更何况这其中还包括两部砖头一样的巨著《荒野侦探》和《2666》。波拉尼奥在创造了一个创作奇迹的同时，也创造了一个传播传奇，从1998年《荒野侦探》出版带来的巨大轰动开始，他的作品在全世界迅速风行，在我看来，这就像他的文风。无论喜欢波拉尼奥的人怎么迷恋，我都要说，他是一个癫狂的写作者，表现之一是他十年写作期间的巨大创作量，不在癫狂中是无法完成的（请注意，是文学写作，不是网络上一些码字挣钱的写手那种写作）；二是作品中流速极快的行文风格和装了弹簧腿一般跳跃的情节和节奏。这本《护身符》也是如此，梦幻、想象、现实几乎无法区分，加上1968年墨西哥城镇压学生事件，而叙述者的文青身份和文青风格也与之非常相配（我于是也明白了为什么喜欢波拉尼奥的更多的是文青）——大时代和激进青年，这正是它的迷人之处，也正是它的肤浅之处。

[奥] 罗伯特·穆齐尔　著

张荣昌　译　　漓江出版社

《两个故事》

　　穆齐尔是米兰·昆德拉非常推崇的小说家之一，昆德拉关于小说的几部著作中，谈到最多的除了塞万提斯和卡夫卡，就是穆齐尔了。相比之下，穆齐尔的小说并不好读，无论是《没有个性的人》这样的名篇巨著，还是他屡遭出版商拒绝的处女作《学生特尔莱斯的困惑》，甚至像书名看似简单的《三个女人》里的三个短篇，也都不简单。我的意思是与以情节取胜的小说相比，他的小说读起来并不轻松，或者说他的小说写法就是不让你一目十行地对待，你必须一字一句、一行行一段段地读下去，才能领会到他的用心。

　　也许小说家的笔伸到人心深处最微妙最不稳定的变化与流动的漩涡、伸到思想与灵魂游荡瞬间的时候，他就不能允许你太轻易太轻松以至于一目十行了。这正是昆德拉在《帷幕》的第三部分谈到小说应该写什么的时候的标题——"进入事物的灵魂"，那是真正的现代小说家应该要做的事情，穆齐尔正是这样的现代小说家——虽然他早在 1942 年就去世了。接下来还是说说这本《两个故事》吧，由两个较长的短篇构成姊妹篇，有着类似的主题或者说关于人的内心深处复杂、幽邃、充满了不确定性的奥妙变化。

《爱情的完成》并不是一个简单的爱情故事，就小说的表层结构而言甚至称不上故事：一个深爱自己丈夫的女人，到一个小镇上去看自己和前夫所生的女儿，对同路的陌生男人生出莫名的身体欲望，但作家自始至终都没有讲这个故事，而是不断地深入女主人公克劳蒂娜内心的幽邃曲折的情绪变化和猜测想象之中，细腻的描述令人感到纤毫毕现，我们仿佛通过巨大的显微镜看到了女主人公内心的一切，它比外面的客观世界更加真实。

读这篇小说就如同一次关于爱情与不忠的奇妙旅行。在克劳蒂娜这里，不忠并非对爱情的背叛而是对爱情的确认。从小说开始时说她感觉到在和丈夫亲热时自己在想别的事情，因而自责，心灵和身体经历犹豫、惊恐、渴望、试探和反复的思辨与怀疑，欲拒还迎欲迎还拒，到最后她和陌生男人在床上时，"随即她毛骨悚然地感觉到，无论如何，她的身体还是充满性欲快感。不过，在她意识的背后，仿佛有什么东西是她一度在春天里感受过的东西：这么一种状态，好像她把自己献给每一个人。而依然还专属于那个她所爱的人"，"相当模糊地……她对自己的爱情有了一个概念"。克劳蒂娜通过不忠来确认了自己对丈夫的爱情，通过在不忠的关系中发现自己的游离，她清醒地知道了自己真正的爱。不过穆齐尔承认，"这样一种爱情，在白昼的语言之中，在强健、正直的人们之中，还无法找到立足之地"。但它是克劳蒂娜身上发生的，也在许多人的内心发生过。

　　穆齐尔在这里讲了一个女人的心灵深处爱情与身体欲望的故事，表层的叙事则完全一笔带过，阅读这样的小说不可以略过任何一句。这是穆齐尔小说一贯的方式，而他小说的迷人之处也正在这里。另一篇《对平静的薇罗妮卡的诱惑》，与其说是被诱惑，不如说是她的自我诱惑，是薇罗妮卡在内心不断地把自己放置到某种处境之中又不断地摆脱、拒绝、反复确认，其中有一种让人透不过气来的憋闷与压抑的感觉，同时又令人对后面的事情充满期待。这两个短篇充分显示出穆齐尔非同一般的小说叙事能力。在我看来,《爱情的完成》无疑是一篇心理现实主义的小说杰作,穆齐尔也不愧为写心理的大师,它是朝向现代小说的极致与妙谛的写作。

[奥] 罗伯特·穆齐尔　著

张荣昌　译　漓江出版社

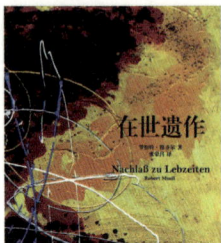

《在世遗作》

　　穆齐尔是与卡夫卡并列的伟大作家，米兰·昆德拉称其作品为"思想小说"。尤其是那部厚重的《没有个性的人》，昆德拉认为是一部需要反复研读的伟大作品。中译本我曾经买了两次，早先的那套因为稀缺，被朋友拿走再也没有还回来，前年又买了新版，八十四万字的厚重之书，放在书柜里抬头可见的地方，既是一种激励更是一种威慑——作为后代写作者，我们不要太轻狂了。这本《在世遗作》是他的随笔小品，他认为死后被人出版遗作与关门歇业的店铺清仓大甩卖一样可疑，倒不如自己活着的时候就先把遗作给出了。显然，他不仅是写作"思想小说"的伟大作家，同时还是一个幽默、有趣、好玩的家伙。实际上这部随笔小品（有些篇章甚至近于小说了），就充满了这种幽默与机智，在对世界、对生活的细微体察中，他以其妙笔，表达着自己的看法。他是对世界有话要说的作家，哪怕是关于捕蝇纸这类细小的东西。他说，"在犯下许多更大错误的时代，对小错误的批评仍不失其价值"。穆齐尔的这些小品随笔，写于近百年前，但今天读来，仍然妙趣横生并且充满了现实感，这大概就是大师才会具有的持久的力量。

［美］洛丽·摩尔　著

张晓晔　译　　人民文学出版社

《美国鸟人》

　　摩尔是美国当代短篇小说的名作家，实际上我们对美国当下短篇小说的了解远远不如对 20 世纪和之前的美国经典作家的了解，"美国鸟人"即是美国人的日常生活众生相，这本集子也许可以让我们窥到美国当代短篇小说之一斑。

A.B. YEHOSHUA — Mechanical Engineer — resident card no.836205 — STATEMENT — MANAGER'S ASSESSMENT — DOCTOR'S NOTES — 耶路撒冷，一个女人 — A WOMAN IN JERUSALEM — 人民文学出版社

Wise Blood 智血 〔美〕弗兰纳里·奥康纳 著

Tavshed Oktober 沉默的十月

落地 A Good Fall — Ha Jin 哈金 作品

LOVE IN A BLUE TIME 爱在蓝色时代

A Good Man Is Hard to Find 好人难寻 〔美〕弗兰纳里·奥康纳 著 — 新星出版社 NEW STAR PRESS

THE LAST WORD 对话终结 〔英〕哈尼夫·库雷西 著 吴妮蓉 译 — 一个老年、有欲而执拗的故事 关于性、政治、艺术和生活的真谛

〔英〕哈尼夫·库雷西 — 老年就是一轮崭新的童年

小镇奇人异事 哈金 作品

黑色唱片 The Black Album 〔英〕哈尼夫·库雷西 著 — 黑色时代 黑色故事 黑色唱片

MIDNIGHT ALL DAY 整日午夜 〔英〕哈尼夫·库雷西 著 张艳玲 译 — 上海文艺出版社

有话对你说 Something to Tell You — Hanif Kureishi 〔英〕哈尼夫·库雷西 著 欧阳蕙 译

Los enamoramientos Javier Marías 迷情 〔西班牙〕哈维尔·马里亚斯 著

Haim Be'er — The Pure Element of time 充斥时间的记忆 〔以色列〕哈伊姆·毕尔 著 王美燕 译 — 上海文艺出版社

M

［英］马丁·艾米斯　著

李尧　译　　上海译文出版社

《雷切尔文件》

　　此前马丁·艾米斯这个名字对我来说一直像是一个传说，传说总是对人充满了诱惑和蛊惑，但我早已过了轻易被诱惑和蛊惑的年龄，虽然艾米斯被称为英国文坛教父、当代英国小说三巨头之一，但我对西方的所谓黑色小说并无太大的兴趣。在下单买下这本《雷切尔文件》之前，我已经犹豫了很多次，而买下这本只是为了凑网店的满额减，也就是说差不多白捡一本书，何不试一试呢？这本小说的可读性是无可置疑的，难怪有那么多人喜欢这个家伙，但我又很怀疑这本《雷切尔文件》的可读性很大程度上是来自全书始终充满的荷尔蒙气息。而我一向都对类似《麦田里的守望者》之类的成长小说并无太多兴趣，而且又是他的被称为显示了其"文学天才"的处女作，我信世上有"文学天才"，但处女作有时候就未必能让我这个年纪的读者信任，所以我只是试着通过此书认识一下这个传说中的家伙。认识了之后我却仍然在犹豫，要不要下单再买下他那本著名的写出人性之恶的《金钱》呢？

［德］马丁·莫泽巴赫　著

王江涛　译　　法律出版社

《月亮与姑娘》

　　一对新婚的年轻夫妻，住进了一座古堡似的旧公寓，于是，故事开始了。这是一个典型的侦探小说或者惊悚故事的场景设置，但作者却把一对新人放进了离奇的遭遇和纷繁的生活画卷里，人生大多数时候，是在经历荒诞，只是我们常常不自知，而小说家以夸张的方式呈现出来了。德国作家马丁·莫泽巴赫是毕希纳文学奖得主，近年颇受关注，有文字介绍说他已步入海因里希·伯尔、君特·格拉斯和耶利内克等德语文学大师的行列，并且已经进入诺贝尔文学奖评委的视野，不过这本《月亮与姑娘》并不足以体现他的杰出，似乎距离前述大师，还非常遥远，比德语作家施林克和格纳齐诺，也还有些距离，其他的作品如何，目前尚不得而知。

[匈牙利] 马利亚什·贝拉　著

余泽民　译　　花城出版社

《垃圾日》

　　"垃圾日"是布达佩斯的一个传统，地方政府每年指定一天，让市民把家里不用的东西扔在家门口，由有需要的人挑选，剩下的东西第二天清晨会被环卫公司的垃圾车拉走。这本小说取意于此，但他倾倒的是一栋楼里居民的"垃圾生活"而不是生活垃圾。这部小说我只读了两篇就无法读下去了——不忍卒读，眼睛和心灵都无法承受。一个整天看色情电视然后去卫生间手淫的家伙，把老婆孩子气跑了，他从垃圾堆里捡了一颗死人头摆在家里陪伴自己；一个老太太从医院的垃圾里找到一只孩子的手，回家煮了吃，随后医院的……成了她的食物来源。对于所谓的暴力美学，我一向不能接受，而暴力美学中展示的残酷做法，更是不能忍受，也许，是我太胆小啦。这本小说是典型的"恶之花"，但恶终不能称之为花。有人称其为社会恐怖小说，而我只希望这样的恐怖不存在。至于这本书，我只能将其束之高阁。

[英] 玛琳娜·柳薇卡 著

邵文实 译   吉林出版集团有限责任公司

《乌克兰拖拉机简史》

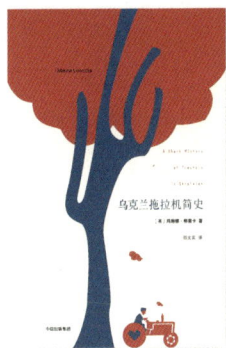

　　这是一本非常有趣的小说，仅小说名字就够让人吃惊，获得为喜剧小说而设的"波灵格大众伍德豪斯奖"，作者是出生于德国、在英国长大的乌克兰人。小说读来幽默、轻松，情节乍看上去有些荒诞，却又真实沉重，她把到处可见的从封闭贫穷国家向发达国家移民的故事写得深刻而富于人性，关于衰老、欲望和爱的表达尖锐而又自然。小说中确实镶嵌着一部《乌克兰拖拉机简史》，它和小说内容构成了一种深度的互文，在艺术上，这部小说并非传统的喜剧故事，而是一部糅合现代小说手法的出色作品。这自然让我联想到我看到的另一些移民文学，浅薄得像是关于异域生活的报告文学，不得不哀叹。文学尤其是小说的格调之高低，在同样的背景、同样的题材下竟是那么分明。

[英] 玛琳娜·柳薇卡 著

邵文实 译 中信出版社

《英国农民工小像》

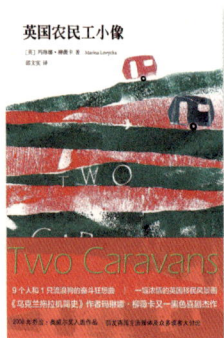

作者因《乌克兰拖拉机简史》一举成名后的又一部移民生活小说，这次写的是来自各国的农民工，依旧幽默，甚至还带着闹剧的感觉。各国农民工的生活大致都差不多吧？但味道却各不相同，比某些硬努着深刻悲苦一脸深仇大恨的打工小说强很多了。不过，它仍然像是一部主题先行的小说，可能就是为移民主题而写的吧。与《乌克兰拖拉机简史》相比，在文学性上就逊色多了。

［英］毛姆 著

周煦良 译   上海译文出版社

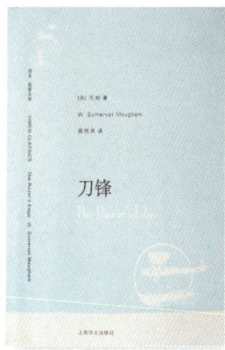

《刀锋》

　　这是我买的第二个版本的《刀锋》，之前的一本购于20世纪80年代，是"20世纪外国文学丛书"中的一部。毛姆一直被一些评论家称为"二流小说家"，与那些在文学上开疆拓土的大师相比，毛姆算是写得常规的一个作家，但"二流"之说，显然有些看低的意思，如此称呼，有些用词不当，也用意不纯。以我的私见，对于一个从事写作的读者，读毛姆这样的作家作品能够获得的小说技术上的收获，远大于读那些极端的大师之作。毛姆喜欢以同代人为小说主人公的原型，《月亮与六便士》的原型是高更，《寻欢作乐》的原型则是作家托马斯·哈代，而这本《刀锋》的原型据说是维特根斯坦。小说人物原型的意味，给小说本身带来了别一种意趣和张力，也是小说之一法。类似的还有罗曼·罗兰的《约翰·克利斯朵夫》以及索尔·贝娄的几部长篇。再买一本《刀锋》，是因为上一本留在老家的书房里，而我现在正在准备我的下一个长篇小说，其中的一个人物的原型，曾经在青年时期因为读了《刀锋》，就要模仿小说中的想要拯救妓女的灵魂的拉里，而和一个在20世纪80年代初的人们看来叫作"破鞋"的年长他六岁的女人生活在一起，他的生活也从此改变。这个人物原型是我的同学，我需要重新研究一下他阅读《刀锋》时的心理状态。

[西班牙]梅尔塞·罗多雷达 著

元柳 译　人民文学出版社

《沉吟》

　　喜欢这部短篇集子的一个重要原因，是作者能够把短篇小说写短。把短篇小说写长并不算本事，而能把短篇小说写短，才是小说家的才能。我以为短篇小说的最佳长度是五六千字，三四千字到七八千字也合适，最好不要超过一万。动辄把短篇小说写到一万多字，是有违简洁原则的，有可能存在两个方面的问题：一个是小说中的头绪太多了，另一个就是过于追求故事的完整性。对于短篇小说尤其是现代小说，头绪多也许并不算什么毛病，但过于追求完整性却绝对是短篇小说写作的一个症结，伟大的短篇小说大师契诃夫，就既不会写那么长也不很在乎所讲的故事是否完整。

　　喜欢的第二个原因与这部小说集的作者有关。梅尔塞·罗多雷达几乎是以一种我以为作为一个作家的最恰当最正常的也是理想的方式生活着，按照马尔克斯的说法，"很少有人知道这位秘不现身的女士"，"她总是在神秘的巴塞罗那城中一个神秘的角落里度过她的人生悲喜"，除了写作，还醉心于栽培花卉。马尔克斯所说的"神秘"其实就是她从不和所谓文坛来往，平静地过着自己的日子，种花养草，和邻里们相处并以自己敏感的触角感知和发现他们生活的秘密，然后写出来。作为一个小说家，她超脱了文坛而独自存在，这几乎可以称为一种修行：过自己的日子，同时因为喜爱而写作，几乎不关心世界对自己作品的看法。而有些写作者，无论大小文人，似乎都挤在文坛里，生怕被坛子冷落和遗忘，仔细想想，这简直太可笑了，热衷于文坛和热爱写作，实在是性质完全不同的两种生活。

当然，喜欢一个作家的最重要的理由还是作品，梅尔塞·罗多雷达这本书在我看来堪称书写日常生活的典范，她看似信手拈来随意写下的东西，不经意之间总是能让阅读者触到生活和人心的微妙乃至人性的幽微之境，全无矫饰和刻意的痕迹，当然也没有很多现代小说家通常多多少少都会有一点的那种范儿或者文坛腔调，她属于不动声色的那种作家，我觉得这和她远离文坛有着极大的关系。整天泡在文坛里面的人，很容易把自己惯坏，我指的不单是生活，更是写作，所谓的"范儿"和"腔调"就是这么来的。文笔被弄坏了，装大师又有什么用呢？

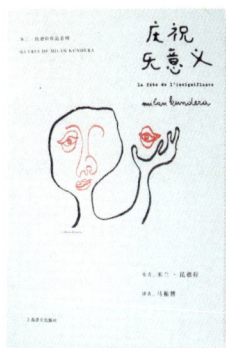

［捷克］米兰·昆德拉　著

马振骋　译　　上海译文出版社

《庆祝无意义》

　　昆德拉八十四岁的新小说，距离上一本《无知》已经十年。一个八十四岁的老人仍然在写，我们不得不向昆德拉致敬，致敬的方式当然是阅读他的新作。四个主人公，舞台剧般的场景，戏谑与解构，跨越时空的跳跃，八十四岁小说家的叙述，已经臻于删繁就简三秋树的苍凉与简洁。个人与历史、存在的意义和他一贯的对集权的嘲讽，迷人而又令人怅然若失，庆祝无意义，这是一个老人对生命和生活的最后认知吗？

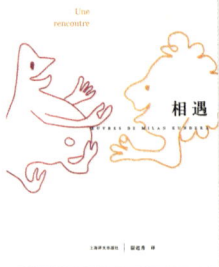

［捷克］米兰·昆德拉　著

尉迟秀　译　　上海译文出版社

《相遇》

　　米兰·昆德拉的新作品。这位伟大的小说家，他的非小说作品里永远都少不了谈论小说。我认为昆德拉是一个真正视小说为艺术并且非常热爱它的人。这本《相遇》，可以视为他的"文学精神自传"或者"小说精神自传"，小说和生活，小说和政治，小说和小说理论，小说和作家，一个伟大小说家处处都在小说之中。

[法]米歇尔·布托尔　著

桂裕芳　译　　上海译文出版社

《变》

　　法国"新小说"老将布托尔的旧作，发表于 1957 年，是"新小说"的代表性作品之一，但与其他的"新小说"主将如罗布 - 格里耶、让·艾什诺兹、克罗德·西蒙的作品，又有很大不同。实际上"新小说"的作家们本来就各不相同，他们在 20 世纪五六十年代要革传统小说的命。现在看来，革命是有道理的，与此同时，文学革命是需要提供丰富的文本的，而文本的价值又是需要时间验证的，好在"新小说"一直在变动中，新一代的"新小说"作家如让 - 菲利浦·图森，又有不同。小说与小说革命之道大概亦在于"变"。

［法］米歇尔·维勒贝克　著

余中先　译　　人民文学出版社

《地图与疆域》

　　据说米歇尔·维勒贝克是个"坏小子"，坏小子写小说基本就没什么规矩，这本小说在结构上也显然是不讲究的，严格说来，这是本结构失衡的小说，不过不乏对人生况味的精彩表达。虽然这本小说得了龚古尔文学奖，但我个人以为，当代的法国小说似乎已经丧失了19世纪的伟大光彩，正在滑向平庸。这部被称为"先锋"的作品，并不像评论所称的那么出色——但愿是我看走眼了。

[法] 莫里斯·布朗肖　著

胡蝶　译　　南京大学出版社

《那没有伴着我的一个》

　　这本薄薄的只有五万多字的作品，在我们这里大概算是个中篇小说，但就其所写之事，也许在很多人看来，只能算短篇小说。不过，无论是中篇还是短篇，对于喜欢读故事的读者来说，它简直就是一种折磨。这里面没有情节，人物就是"我"和"他"，而人物的面目则是模糊不清的，就连高低胖瘦也是不确定的，至于小说中所言之事，更是难以捉摸，地点或者说小说的空间就在一个房间里，而时间或者时代，则完全没有任何线索和背景可言。小说里的"我"一直在呢喃，在絮叨，在说着和"他"之间似是而非的关系，甚至"他"和"我"到底是一个人还是两个人，也难以确定。这是一种什么状态？是一种不存在？或者是一种在我们的存在中，在某些时刻的难以确定的状态？作为哲学家、思想家，布朗肖的头脑是令人吃惊的，而他的小说，似乎也是颠覆性的。他一生行事低调，中年以后就不再接受任何采访甚至不参加什么活动，但他的作品和思想却影响了法国最重要的一部分知识分子和大作家，他的魅力何在？恐怕只有读过他的作品才能稍有感知。

苦涩而美与法玛的故事

HENRY CLASSICS
Julio Cortázar
BESTIARIO
动物寓言集
[阿根廷]胡利奥·科塔萨尔 著 李静 译
拉美"文学爆炸"主将科塔萨尔首部短篇力作
SHORT CLASSICS

俄耳甫斯诞生
ORPHEUS EMERGED
一代人激情、困顿和梦想的断代史
杰克·凯鲁亚克

Orhan Pamuk
The Naive and the Sentimental Novelist
天真的和感伤的小说
[土耳其]奥尔罕·帕慕克 著

孤独无处诉
The Terrible Privacy
Of Maxwell Sim

经典译林·小说名家传情
黛西·米勒
Daisy Miller
美国人文学科基金会推荐作品
小说中的浮士达
现代小说是从亨利·詹姆斯开始的

SHORT CLASSICS
Colm Tóibín
MOTHERS AND SONS
母与子
[爱尔兰]科尔姆·托宾 著 柏栎 译

名家名译·随身典
Autopista
南方高速
[阿根廷]胡利奥·科塔萨尔 著
林之木 等 译

Memoria de mis putas tristes
苦妓回忆录
加西亚·马尔克斯 著
轩乐 译

经典译林 CLASSIC IMPRESSION
南极
Antarctica
[爱尔兰]克莱尔·吉根 著
完美的短篇小说 微妙的风景 微妙的悬疑
克莱尔·吉根 欧美最受瞩目的新锐女作家
入选村上春树翻译的短篇小说集《生日故事》

DG世界浪漫主义丛书
小姨多鹤
上海文艺出版社

快乐的

铁器时代
Age of Iron
诺贝尔文学奖得主 库切中期代表作

王威廉作品
去海拉尔
七个被大雨洗过的世界

新千年文学备忘录
Lezioni americane
Italo Calvino

他和

P

帕特里克·莫迪亚诺《暗店街》
帕特里克·莫迪亚诺《夜半撞车》
佩内洛普·菲兹杰拉德《天使之门》
佩内洛普·菲兹杰拉德《早春》

[法] 帕特里克·莫迪亚诺 著

王文融 译 上海文艺出版社

《暗店街》

　　"我什么也不是。这天晚上，我只是咖啡店露天座上的一个淡淡的身影……"在这个被很多人称赞的著名的开头之后，一个失忆的人开始寻找自己的过去。莫迪亚诺似乎很喜欢写这种扑朔迷离闪烁不定的关于往事与记忆的故事，这部早年的《暗店街》如此，晚近的《夜半撞车》也是如此。"直到目前，我觉得一切都是那样的混乱无序，那样破碎不全……在寻觅的过程中，我会突然想起一件事的某些细节，某些片段……总之，或许生活正是如此……这确是我自己的生活呢？还是我潜入了另一个人的生活？"这段话大致就是《暗店街》想要说的吧，或者说就是这部小说的写法。读了两部莫迪亚诺的小说，我没看出人们所说的幽雅以及神奇，我觉得在这个时代的小说家里，他并没有被称赞的那么出色，并且单调的虚招子比较多，尽管他得了诺奖，但那更主要是诺奖评委们的趣味吧。

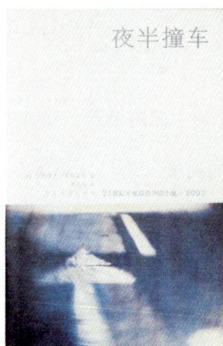

［法］帕特里克·莫迪亚诺　著

谭立德　译　　人民文学出版社

《夜半撞车》

　　宣布 2014 年度诺贝尔文学奖的那天晚上，我仔细地回想了一下，确认自己没有读过莫迪亚诺的小说，我隐约记得几年前曾经在书店里翻过他的书，好像是《星形广场》，我应该是站在书店看了几页（在书店里买书，对于不熟悉的作者和作品，我通常会读上几页），肯定是因为不喜欢所以没买，而此时我已经记不得那是一本什么样的小说了。不过我还是在自己家里的书架上找到了一本他的《夜半撞车》（我竟然不记得买过他的小说！！），这是人民文学出版社 2003 年的"21 世纪年度最佳外国小说"全套五本中的一本，是我在北京三联书店买的，我很奇怪自己不记得读过此书。好在它只有六万字，一个下午就读完了，而在我读到一半的时候，渐渐地想起来似乎是读过了的。读过，却没有给我留下深刻印象，当然就不会记住作者，更不会去寻找他的其他作品。这就是莫迪亚诺留给我的印象，即便他得了诺贝尔文学奖，也不能改变我对这部作品的评价，我并不觉得有多么出色。不过，也许，备受王小波推崇的《暗店街》会好一些？

[英]佩内洛普·菲兹杰拉德　著

周昊俊　译　　新星出版社

《天使之门》

　　此菲兹杰拉德非彼菲茨杰拉德，她当然也没有写过《了不起的盖茨比》，但她本人肯定称得上是了不起的，她的出现甚至堪称励志，可以说她就是小说界的"苏姗大妈"。她一生干过很多不同的职业，退了休之后，年近六十才开始写小说，三次入围曼布克奖，并且最终以《离岸》获奖。这本小说拿到手上，让我一气儿读了近一百页。她的叙事平实却有一种魔力，让人欲罢不能，确切地说是让阅读停不下来，而我很想知道魔力何在。对于小说叙事而言，清晰、从容、放松、超然，每一个单独看来都很平常的，但是当它们集中到一起融合成一种个人风格的时候，大概就是成就其叙事魔力的隐秘力量了吧；尤其是她总在细致地描写着人物的经历与感觉，却几乎从不谈论甚至看上去几乎不提供所谓人生思考，也不怎么关心所谓重大的社会问题，而只是讲生活中的人和人的生活；她以看上去几乎毫无技巧的叙述，完成了灵动迷人的小说叙事，就像一个充满智慧的老奶奶语调平和地讲着遥远的故事，或许恰因其遥远，才愈显清晰和透彻，这大概也和她是在历经世事沧桑之后才开始写作有点关系。她不仅创作了风格独特的小说，同时还创造了一种人生。六十岁开始写作，也就是说她在退休之后开始了一种新的人生，直到她八十三岁去世，这二十多年她以自己的小说创造的辉煌，刷新了之前的六十年，就像她在世上活过了两次。佩内洛普·菲兹杰拉德绝对称得上是个奇迹。

[英]佩内洛普·菲兹杰拉德　著

周伟红　译　　新星出版社

《早春》

　　对当下的翻译作品，我是越来越不信任了。当然首先是对译者不信任，一代大儒式的翻译家，在这个年代已经找不到了，当下的很多译者，像是翻译机器或者翻译软件，译作当然不免令人生疑；其次，是因为出版商们对作品的选择着眼于畅销，而畅销作品的价值我一直都很以为可疑。这个女菲兹杰拉德的书，先前见过《书店》，只是在书店里翻了翻，这本《早春》，书腰上的推荐者都是小说家（是不是托儿？存疑），翻到书的第一段读了，尚觉得喜欢，于是买了回来。《早春》的故事，似乎遥远，大概，一个历尽沧桑的老人看世界，一切都是遥远的吧？登泰山而小天下？

[俄] 契诃夫　著

汝龙　译　　上海译文出版社

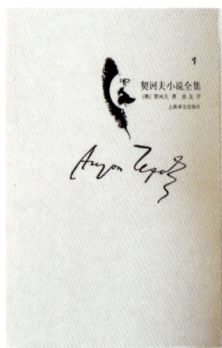

《契诃夫小说全集》（十卷）

　　此书是名作名译，新编新版。《契诃夫小说全集》实际上此前已经出过，仍然是汝龙先生的译本，只是那个版本的印刷太粗糙了，我一直不愿意买。还有一个原因，是我家里存着五十年代的契诃夫小说选本，就是张洁在《爱是不能忘记的》里通过主人公说到的那套十七册的契诃夫小说集。这新版的小说全集，甫一出来就令我喜欢，封面设计和软精的质感，尤其诱人，两年来，每次到书店，我都会翻翻摸摸，觊觎久矣。我并不着急，我知道没有几个像我这样对书、对契诃夫怀着古典情怀的人，而且，那么贵，所以它会一直在书店的架子上，直到降价。终于等到它打五折，狂喜，十卷本，毫不犹豫地拎回来了。

[美]恰克·帕拉尼克　著

景翔　译　　吉林出版集团有限责任公司

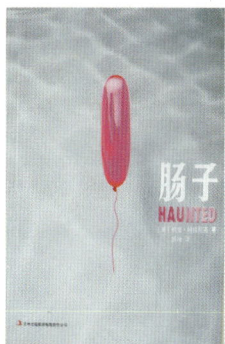

《肠子》

　　当今最负盛名的"邪典小说家"帕拉尼克的惊人作品，几乎很难从文体上界定这本小说，他是颠覆小说文体的"坏孩子"，还是小说文体的探索者？用非常独特的方式，进入现代人的生存现实和心理现实。与传统的小说有很大的不同，某种意义上带有很强烈的实验性质，却在世界各地非常畅销，这看上去有点矛盾，他是如何做到的？令人称奇！

［美］乔伊斯·卡罗尔·欧茨　著

樊维娜　译　　人民文学出版社

《狂野之夜》

　　欧茨是国内读者非常熟悉的作家，多届诺贝尔文学奖的热门候选人，著作等身的小说家；早年读她的《奇境》，晚近读她的《中年》，都被深深地吸引。但她的短篇译介得却并不多，而这本集子的题材更是独特，她把爱伦·坡、狄金森、马克·吐温、亨利·詹姆斯和海明威五位文学大家的生命最后时日纳入自己的小说文字，别是一番文学"奇境"。

[法] 乔治·佩雷克 著

龚觅 译 新星出版社

《物：60年代纪事》

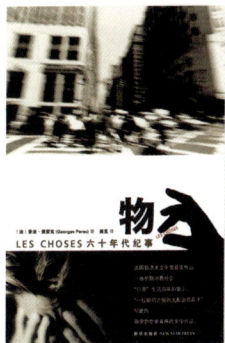

乔治·佩雷克这本小说被称为战后法国最优秀的"社会学"小说，而我的兴趣在于他这种以叙述、议论和分析来完成小说的方式，从头到尾都是作者一个人在说，这样的小说会有什么阅读效果？会产生什么样的叙述奇迹？作者自己贯穿始终、自说自话的小说叙述方式，被很多传统的作家认为不妥，但他又是如何成为最优秀的？这些问题正是我买这本小说的理由。

［英］乔纳森·科伊　著

刘叶　译　　华文出版社

《孤独无处诉》

　　小说家乔纳森·科伊，据称是英国"后颓废时代"代表人物，《孤独无处诉》讲述了四十八岁的男人麦克斯威尔·希姆的一段遭遇，妻子离开、自己生活工作皆不如意、心理出现危机，陷入了不能自拔的孤独迷茫之中。一次意外的推销牙刷的旅程，将他与自己过往的生活又重新联系了起来。小说的时间背景是在 2008 年金融危机之后，当代生活中的人的孤独感在希姆的处境中淋漓尽致地展开。虽没有经典小说的典雅，但小说中弥漫的无处不在的孤独感，令人难忘。稍嫌过头的是结尾，几处巧合的情节设计，给人感觉作者有些太刻意了。原来几乎整本书都是沉郁压抑的叙事方式，与主人公的孤独失意的生活状态很相配，但最后一部分因其精巧却显出笔力的些许轻浮。但这并不妨碍这部小说的精彩。

［尼日利亚］钦努阿·阿契贝　著

高宗禹　译　　南海出版公司

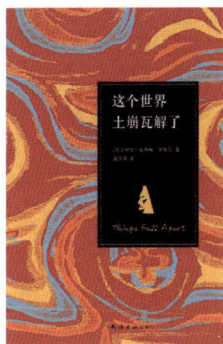

《这个世界土崩瓦解了》

　　首先是他干净的简洁的叙述吸引了我。接下来的阅读让我感受到一个杰出小说家的叙事耐心。对于长篇小说来说，作家的叙事耐心在很大程度上决定着小说的丰润与它所呈献的生活逻辑的力量，而对于小说家而言，这样的叙事耐心是至关重要的。干净、简洁的叙述和绝无疲态的叙事耐心，正是这本书让我欣赏的地方。至于这本写于1958年的小说所讲的故事，在今天看来，已经没有什么新鲜感了，英国殖民者的殖民过程和非洲氏族部落的瓦解，在今天既已成为历史，那么这本小说的故事则不过是提供了史实，但它是小说，我当然更愿意从小说文体上去理解和欣赏。作者是享誉世界的小说家，得奖无数，本书是入选《纽约时报》"百部文学经典"的作品，作者又是"全球百名公共知识分子"入选者，近年诺奖呼声也渐高，似乎也再次吸引人们注意他的早期作品。

[美] 裘帕·拉希莉　著

卢肖慧　吴冰青　译　　广西师范大学出版社

《解说疾病的人》

解说疾病的人

　　为了凑单以便获得满两百元减一百元的优惠，下单的时候添上了一本畅销书，据说这本《解说疾病的人》已经在全球销售超过了一千五百万册——要知道这可是一本短篇小说集，这让我感到好奇，于是违反了自己定下的不读畅销书的规矩——偶尔破一回例。作者是印度裔的美国人，生于 1967 年，据印在封舌上的介绍，她是美国当代著名作家，普利策文学奖历史上最年轻的获奖者，还获得过欧·亨利短篇小说奖、奥康纳短篇小说奖、古根海姆奖以及一些重要刊物的奖项。勒口上的所有这些介绍都意在说明她是一位杰出的小说家，但我读完之后并没有感觉到她的作品有什么特别出色的地方，有评论说她有艾丽丝·门罗的风范，显然有点攀附诺奖得主进行营销的意思，至于具体到情节设计和细节丰盈之类的称赞，我觉得美国人大概有点猎奇心理吧，就像前些年鼓吹的阿富汗裔美国作家的那本《追风筝的人》一样，那本在全球卖了两千万册的小说，还被好莱坞拍成了电影。以我过往的阅读经验，以获得普利策文学奖名世的作家，大多文学品质并不怎么高，这大概跟普利策奖是报业巨头设的有关，它最著名的是新闻奖和摄影奖，至于它的文学奖—— 一个新闻媒体的文学奖，是不大会被文学界内部认可的，事实上，它的文学奖品质确实需要打个问号。如果不考虑翻译的损失（实际上我觉得这本书翻译已经足够好），把这本短篇小说放到当下的中国，也只能算一本水平很一般的小说集，如果不自谦地说，我觉得我自己的短篇小说就比她的写得好。

美丽失败者

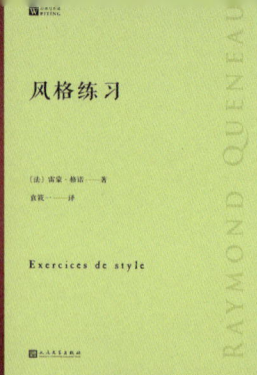
风格练习
[法] 雷蒙·格诺 著
袁筱一 译
Exercices de style
RAYMOND QUENEAU

几乎没有记忆
[美] 莉迪亚·戴维斯 著 吴永熹 译
The Collected Stories of Lydia Davis
I

千百种罪
A MULTITUDE OF SINS

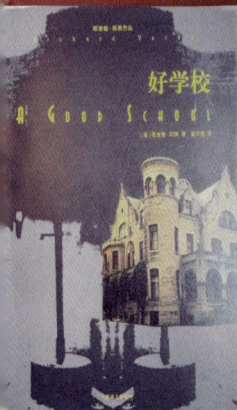
好学校
A Good School

莉迪亚·戴维斯 小说集III
不能与不会
WON'T CAN'T AND
[美] 莉迪亚·戴维斯 著 吴永熹 译
The Collected Stories of Lydia Davis III

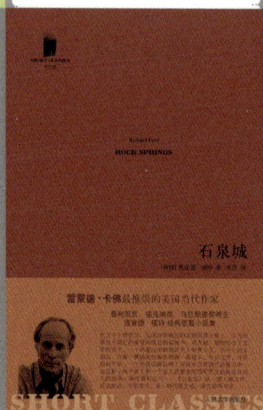
石泉城
ROCK SPRINGS
SHORT CLASSICS

故事的终结
LYDIA DAVIS
[美] 莉迪亚·戴维斯 著
the end

困扰种种
The Collected Stories of Lydia Davis
吴永熹 译

月亮与姑娘
[德] 马丁·莫泽巴赫 著 王江涛 译

两个故事
[奥] 罗伯特·穆齐尔 著 张荣昌 译
Vereinigungen
Zwei Erzählungen
Robert Musil

在世遗作
罗伯特·穆齐尔 著 徐畅 译
Nachlaß zu Lebzeiten
Robert Musil

齐尔"在世时亲自出版"的"个人遗作"

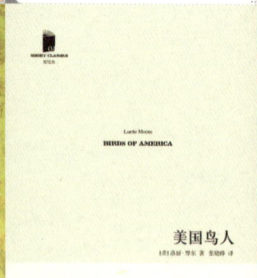
美国鸟人
[美] 洛丽·摩尔 著 张俊峰 译
Lorrie Moore
BIRDS OF AMERICA

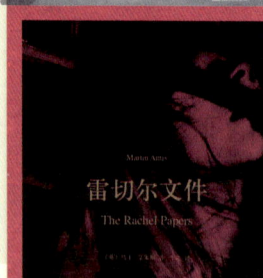
雷切尔文件
The Rachel Papers

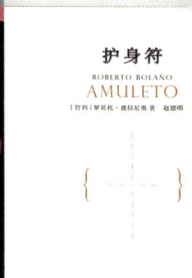
护身符
ROBERTO BOLAÑO
AMULETO
[智利] 罗贝托·波拉尼奥 著 赵德明 译

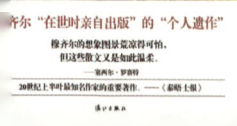

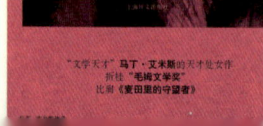

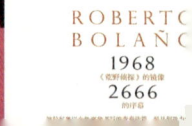
ROBERTO BOLAÑO
1968
2666

让 - 菲利普 · 图森《裸》

让 - 菲利普 · 图森《玛丽的真相》

瑞贝卡 · 米勒《皮帕 · 李的私生活》

[比] 让-菲利普·图森　著

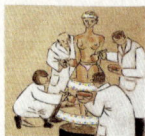

许宁舒　译　　湖南文艺出版社

《裸》

　　菲利普·图森这种小说，如果是一个中国人写的，那在我们这里基本上是不可能发表的，不仅刊物不发表，出版社也不会出。如果他不是个外国人，如果不是在欧美影响比较大，如果不是陈侗和法国子夜出版社以及湖南文艺出版社的深度合作，这套作品集也不可能陆续出版。原因很简单，他写的小说，基本上不讲故事。而我们这里，长期以来，主流的权威的并且也非常流行的关于小说的说法就是讲故事。在我看来，这种陈旧的、落伍的、狭隘而又粗暴却似乎不可动摇的小说观念，几乎扼杀了中国现代小说的创造力，也令中国小说失去了与世界文学——其重要部分，小说的当代性——对话或者比肩的机会。同时也正是对所谓"讲故事"的夸张而又极端的强调和写作者对所谓"故事性"的近乎愚蠢的过分依赖（甚至唯故事论），让我们的小说一直瘫在街头说书人的脚下——那才是最会讲故事的，但是有哪一个说书人成就了伟大的小说呢？从来都没有。对故事的过分依赖，其实是小说家对生活、对当代生存处境下的人性缺乏认识、缺乏理解与发掘，所以对世界无话可说的表现——我们的大部分当代小说作品，所讲的故事既缺少趣味也没有意义，有的只是空洞可疑的主题与概念的故事图解，其实只不过是一堆纠缠在一起的文字而已。图森的迷人之处则在于他不怎么讲故事，他甚至不屑于讲故事，却能把当代处境下人性中隐秘的微妙的甚至是不可言说的状态传达出来。从《先生》《浴室》《照相机》，到《迟疑》《电视》《自画像》，再到这几部"玛丽系列"的《做爱》《逃跑》《玛丽的真相》和这部《裸》，莫不如是。我可以说，这是个迷人的作家，走在作家队伍旁边的作家。

[比]让-菲利普·图森　著

李建新　译　　湖南文艺出版社

Jean-Philippe Toussaint
让-菲利普·图森

玛丽的真相

李建新 译

G5湖南文艺出版社

《玛丽的真相》

　　这可能是图森所有小说里最迷人的一部，他把对人性与感情最微妙之处的洞察和把握，置于巧妙的构思和他擅长的对细节细致入微的叙写中，尤其是玛丽感情的波涌与流动，面团似的柔软的轻微起伏，都被图森呈现出来了。如果说作家像厨师，人性与感情如面团，那么从这个意义上说，图森就是个面点高手，他是那种能把面揉到恰到好处的厨师，图森在这部小说中把简洁、力量和细腻平衡到了最佳。本书是湖南文艺出版社的新版"图森作品集"中的一本，此前我买过《浴室·先生·照相机》《迟疑·电视·自画像》和《逃跑》，但是新版的封面设计很吸引我，还是毫不犹豫就把这套新版本买回来了。

[美]瑞贝卡·米勒　著

王臻　译　　南海出版公司

《皮帕·李的私生活》

　　介绍说作者是著名的剧作家阿瑟·米勒之女，介绍还说，根据此小说改编的同名电影，得过一个小电影节的大奖。电影我是看过的，但显然没能完全传达出小说的复杂性或者说小说想要传达的生活与人性的复杂性，看到小说译本，买回来是想一探究竟来着。

垃圾日

[匈牙利]马利亚什·贝拉 著
余泽民 译

乌克兰拖拉机简史

[英]玛琳娜·柳薇卡 著
邵文实 译

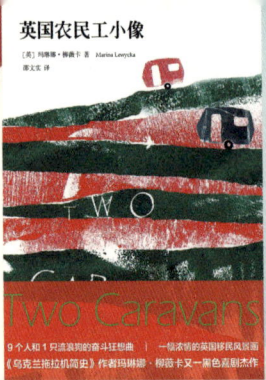

英国农民工小像

[英]玛琳娜·柳薇卡 著
邵文实 译

9个人和1只流浪狗的奋斗狂想曲 | 一幅凄怆的英国移民风情画
《乌克兰拖拉机简史》作者玛琳娜·柳薇卡又一黑色喜剧杰作

刀锋

[英]毛姆 著
周玥 汪正 译

相遇

Milan Kundera | 米兰·昆德拉

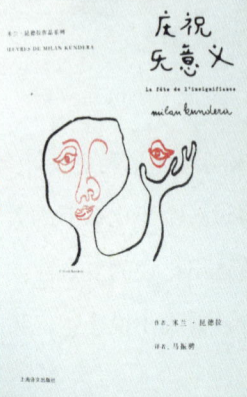

庆祝无意义

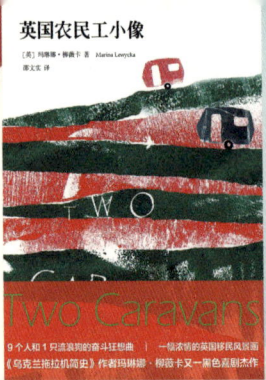

THE
ORIGINAL
OF
LAURA
劳拉的原型

Vladimir Nabokov
弗拉基米尔·纳博科夫 著
谭惠娟 译

SHORT CLAS

梅尔多·罗多雷达 短篇小说精选

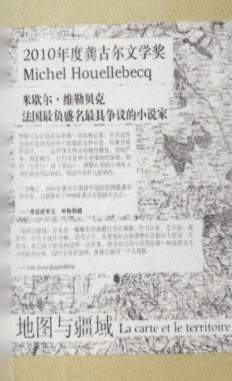

2010年度龚古尔文学奖
Michel Houellebecq
米歇尔·维勒贝克
法国最负盛名最具争议的小说家

地图与疆域 La carte et le territoire

那没有伴着我的 一个

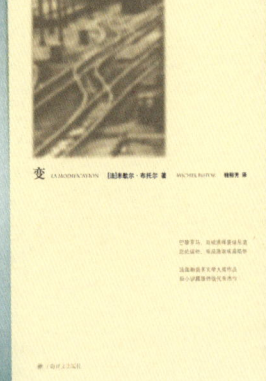

变 LA MODIFICATION

[法]米歇尔·布托尔 著
桂裕芳 译

2014年诺贝尔文学奖得主
帕特里克·莫迪亚诺

暗店街

塞巴斯蒂安·奈特的真实生活

VLADIMIR NABOKOV
弗拉基米尔·纳博科夫

lolita
A Screenplay

洛丽塔
电影剧本

VLADIMIR NABOKOV
弗拉基米尔·纳博科夫
叶尊 译

夜半撞车

Gate
of
Angel

天使

S

萨缪尔·贝克特《莫菲》

[爱尔兰] 萨缪尔·贝克特　著

曹波　姚忠　译　　湖南文艺出版社

《莫菲》

　　贝克特说，《莫菲》和《瓦特》分别是他满意的第一部长篇小说和没法叫人满意的作品。但是对贝克特这种用哲学头脑思考和写作文学与戏剧的人，我们不用把他关于自己作品的话太当回事，甚至连评论家们关于贝克特的说法也大可不必认真，阅读这种作家的作品，自己的阅读感觉尤其重要。贝克特生于爱尔兰却长期生活在法国，用英文和法文写作，创作涉及诗歌、小说、戏剧，并且多产，1969 年获得诺贝尔文学奖。大多数人知道他正是因为荒诞戏剧《等待戈多》，但我还想知道更多，于是买齐了湖南文艺版的五卷本《贝克特选集》，他的重要作品都在里面，应该说，这已经够了。但是，作为一个有购书藏书癖的人，看到新出的《莫菲》和《瓦特》这两本小说，我还是忍不住要买回来，这样做的一个心理原因就是：这套国内版的贝克特作品集我收齐全了。对照了湖南文艺新版的《贝克特作品选集》书目之后，我发现，除了这两本小说是新收，其他的九本作品都是之前的五卷本《贝克特选集》里收录的，是拆开重做（有五卷本的人，可以和我一样只买这两本小说了）。对照之后的另一个发现是，五卷本选集标明的是"法国贝克特"，而新出的这两本小说标明的却是"爱尔兰贝克特"，这是怎么回事呢？抄一段维基百科："贝克特后半生定居法国，却始终没有取得法国国籍。而由于贝克特使用法语而不是爱尔兰语进行创作，他的祖国爱尔兰也拒绝承认他的国民身份。贝克特的思维始终是欧洲的、国际的，而不像他的同胞萧伯纳或叶芝一样，始终带有民族主义的狭隘气度。"五卷本的版权得自法国，而新版的两本小说版权则在爱尔兰，这大概是其中的原因。

皮帕·李的私生活

Jean-Philippe Toussaint
让-菲利普·图森

裸

汗宁裕 译

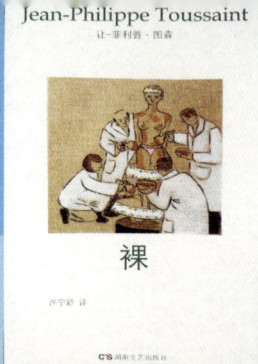

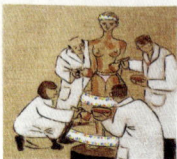

福楼拜的

Samuel Beckett
萨缪尔·贝克特

莫菲

湖南文艺出版社

Jean-Philippe Toussaint
让-菲利普·图森

玛丽的真相

李建新 译

湖南文艺出版社

这个世界
土崩瓦解了

Things Fall Apart

1
契诃夫小说全集
上海译文出版社

麦克尤恩作品
Ian McEwan

儿童法案
The Children Act

上海译文出版社

V. S. Pritchett

我家姑娘回家时

WHEN MY GIRL COMES HOME

二十世纪英国最伟大的短篇小说家
V.S. 普里切特 短篇小说代表作

上海文艺出版社

BERNHARD SCHLINK
DAS WOCHENEN

周末

回归

夏日谎言
Sommerlügen
[德]伯恩哈德·施林克
Bernhard Schlink
刘海宁 译

WILD NIGHTS!

狂野之夜！

［摩洛哥］塔哈尔·本·杰伦　著

马宁　译　　人民文学出版社

《初恋总是诀恋》

第一次买摩洛哥的小说，完全是出于好奇与新鲜感，好坏就不论了，当作一种了解。

谈波 著

深圳报业集团出版社

《一定要给你个惊喜》

　　《一定要给你个惊喜》读毕，掩卷，我觉得"一定要给你个惊喜"这个书名，似乎就是专门给这本书写的广告词，恰如其分，毫不夸张。作者谈波，年纪不小，但对小说界来说，完全是个新人，新到此前几乎没有多少人听说过这名字。确切地说，对于所谓主流文坛而言，谈波是不存在的。这让我想起二十多年前，王小波横空出世的时候，有人惊呼其为"文坛外高手"，在我看来，谈波之于今天的主流小说界，也称得上一个坛外高手，一个异数。正如武侠小说里的江湖，在混战与纷争中，最终会有几个无名高手突然出现，搅局乃至改变了格局。

　　我极少购买中国当代作家的作品，在我所购之书中大概占比不足百分之一。买谈波这本小说集子，完全是因为看到韩东的推荐，他说谈波是当代最好的短篇作家，我觉得应该信任一回，于是下了单子。一读之下，果然，没有令我失望。我说的"没有令我失望"，主要是相对于主流文坛那些热闹人物的小说作品而言。读谈波，我能感觉到他是一个纯粹的小说家，一个文场之外的，没有坛子腔调、不动声色、不炫技、不故意玩技术套路的作家。进而，我觉得他的短篇是得了契诃夫、塞林格、卡佛、特雷弗、莉迪亚这一路神髓的，而他所书写的日常与底层，又有着非常接地气的中国质感，干净简洁又很有意味，既没有丝毫的做作同时还很好读，显然他是一个很用心的小说家。

如果要把读谈波带给我的好印象归纳一下，我觉得起码有这样几点：一是他有一种从容不迫娓娓道来的叙事耐心。虽然他写的是短篇小说，并且很多篇目都短得有点可疑了，但再短的小说也是需要作家的叙事耐心的。而当下的许多作家，恰恰是缺乏叙事耐心的，就像这个高速运行的社会一样，我不知道这些作家在写小说的时候急赤白脸地赶着干什么去。作为一个同样写小说的人，我知道一个作家如果没有叙事耐心的话，他的小说就离文学的纯正相去甚远。第二是谈波的叙事耐心中同时又有一种俭省的品质，就像早年间很会过日子的底层老百姓，绝对不会多花更不会乱花一分钱，谈波的俭省就是不愿意多浪费一句话。这种俭省经由阅读传达给我，让我觉得谈波的小说有点像宜家的家具，简洁、实用、线条清晰，却有着匠心独运的内在力学构造。第三，谈波还有一种把短篇小说写到我们通常认为的小说边界以外的冒险或者探索精神，这在今天的主流文坛里已经很鲜见了。而在主流文坛里常有的那种范儿——套路、腔调以及自以为是的洋洋得意，在谈波的小说里根本就看不到，我相信那是他所不屑的。

我很喜欢或者说非常欣赏他对待文学与生活的态度，我不了解他，就抄一段曹寇对谈波的评价吧："质朴而又智慧，热情不乏冷静。我在作家身上所看到的一切恶习都不存在于他的身上。比如文艺范儿，比如夸夸其谈……他很正常，很普通，老婆孩子，工作数十年如一日，夏天到了偶尔会到海里游泳。此外就是孤独地阅读和写作，不求发表，不求出版，毫无怨念。文学于他，完全是一种生活必需品，等同于呼吸空气，但也到此为止，而绝非获名利的器具。这几乎是一种修行。"我喜欢这个拿文学当修行的谈波。

[美国] 唐·德里罗　著

严忠志　译　　译林出版社

《地下世界》

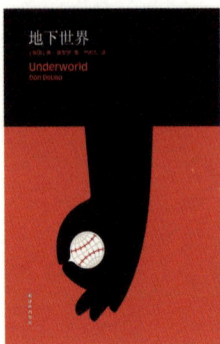

　　"在这部堪称冷战史诗的小说中，垃圾分析师尼克目睹被人类抛弃的废物——从纸屑到核废料——构成了一个地下世界，它在暗中积累、扩张，进而吞噬着现实世界的生活……《地下世界》讲述 20 世纪后 50 年的美国故事。它以摄像机般极富画面感的语言，捕捉现代社会的荒诞和痛楚，探寻存在于个体身上的历史的真实力量。透过德里罗的雄健笔触，读者依稀听到其中先知般的诉说。"这是印在封底上的介绍，买这本书当然是因为它是德里罗最重要的代表作之一，之前买的《白噪音》《人体艺术家》《玩家》《大都会》《坠落的人》与这本比起来，只算是小书，小长篇。但是这部长达七十二万字的《地下世界》，在今天实在是一个阅读挑战，尤其是这么长的德里罗的后现代小说，阅读大概也够得上一个工程，我买了，但我真不知道自己什么时候才能读完，坦白地说，这是有点让人望而生畏的事情。

[美]唐·德里罗　著

文敏　译　　浙江文艺出版社

《人体艺术家》

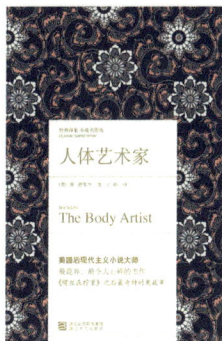

　　读这部小说的时候我脑袋里一直有一个问题挥之不去：这样的小说，我们这里有人会写吗？问了很多遍，直到读完合上书本，我的答案是"不会"。这包括两层意思：一是几乎没有作家去写这样的小说，因为没有人会出版，没有人会欣赏；二是一些作家没有写这种小说的念头和能力，思维完全陷在某种泥淖里了。我们的一些小说长期都是在"载道"和当"时代的书记官"（甚至仅仅是做了蹩脚笨拙的速记员，而且速记能力很差）这种单一的向度上行走的，于是令我们这里的小说变狭窄单调，完全失去了丰富性与多样性。然而，小说并不只有一种，我更愿意认同译者文敏先生的说法："个人的体验或许并不承载宏观意义上的苦难，却也有着直指人心的力量。"

［美］唐·德里罗 著

郭国良 译 浙江文艺出版社

《玩家》

　　一部缓慢而又细致入微的小说。关于一对无聊夫妻如何各自寻求克服无聊的办法的故事，甚至并非故事而是事故，生活事故有时并非意外，而是刻意的自我寻找；这未免荒诞，但荒诞本身即是故事。"玩家"真的是在玩吗？德里罗似乎很擅长讲"非常态"的美国人的常态故事。

[美]唐纳德·巴塞尔姆　著

王伟庆　译　　南海出版公司

《巴塞尔姆的白雪公主》

　　《巴塞尔姆的白雪公主》《巴塞尔姆的 60 个故事》《巴塞尔姆的 40 个故事》，另外还有几个中篇故事，这就是巴塞尔姆。这位美国后现代主义的"新一代之父"，喜欢把自己放在书名里。他以这种方式表明自己的与众不同，实际上他是在宣示一种新的小说方式——后现代方式。后现代方式当然是后现代生活现实的产物。格林的白雪公主来到了纽约的一个公寓里，七个小混混其实是令人失望的……巴塞尔姆让之前那种看上去一本正经的经典小说变得可疑而且虚伪起来了。我还想说，我一想到我的同时代的一些小说写作者，他们那些看上去一本正经的劣质故事，我就忍不住想笑。太可笑了，他们写的那些故事还不如网络上随便一个写着玩的人的作品有意思，他们那些小说既不好玩也没有价值。

[美]唐纳德·巴塞尔姆 著

陈东飚 译 南海出版公司

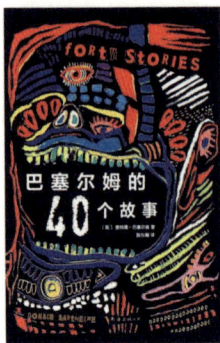

《巴塞尔姆的40个故事》

作为一个有买书强迫症的读者，在买了《巴塞尔姆的 60 个
故事》之后，不买《巴塞尔姆的 40 个故事》是不可能的。作
为一个小说读者，不把这一百个故事的写法读完是不能忍受
的。作为一个同样也写小说的人，如果到现在还没有稍稍地研
究一下巴塞尔姆，肯定也多少会感觉自己有点落伍吧？这个我
没有做过调查，只是自己这样想罢了。不过巴塞尔姆这样的家
伙和他的一百个故事，确实是好玩的，如果他不能让一个写小
说的人脑洞大开，起码也会令人大开眼界。所以无论从哪个角
度从什么意义上来说，在今天仍然关心文学而且喜欢小说的人，
巴塞尔姆无疑是一个不可以绕过去的小说家，虽然他已经作古
二十多年了，但他仍然是新鲜的、热气腾腾的、活泼的，是一
个不断地跟我们做鬼脸的家伙。

[荷兰] 汤米·维尔林哈　著

李梅　译　　人民文学出版社

《美丽的年轻女子》

　　如果说每购买一本书都需要理由的话，那么我购买此书的
理由倒是很多。一、这部小说出自一位荷兰作家之手，那是伟
大凡·高的故乡，而我们对那里的文学尤其是当下的小说所见
甚少，所知更少；二、这是一部只花了几个月时间完成的应邀
创作，而荷兰出版社协会读书周每年所邀请的撰写赠书的作家
都不是无名之辈；三、作者是一位生于 1967 年的尚算年轻的荷
兰小说家，我倒是很想了解一下外国尤其是西方年轻小说家们
的写作；四、此书甫一问世就好评不断，被许多外国出版机构
买了版权，并且得了一个"21 世纪年度最佳外国小说"2015 年
度奖，而这个奖每一年在全世界只颁给五部作品；五、此书介
绍中所称的小说主题是衰老的痛苦和老夫少妻之间的冲突。在
这么多颇为诱人的理由之下，买这本书几乎没有什么可犹豫的
了。不过，也许是诱人的理由太多，阅读之后我反倒有些不以
为然了，甚至是很不以为然。

　　四十多岁的病毒学家艾德瓦娶了一见钟情的小他十五岁的
美丽女子璐特，然后，所谓老夫少妻的冲突以及衰老与退化的

主题就被刻意展开了，作者做如此设计，似乎就是想传达老夫少妻的组合一定会出现矛盾这个观念。然而，小说所说的老夫少妻冲突却并非年龄差距造成的，而是世界观的差异所致，是老于世故对世界和世俗妥协与单纯、真诚、天真之冲突，而所谓的衰老在本书主人公的年龄上并不存在，五十出头根本算不上老甚至是正当年呢，他的性能力和生育能力也不可能是七十岁的状态。作者把一个五十岁的男人写成七十岁的生命状态，无非是为了自己预设的主题和观念。作家对五十岁是什么状态实在只是出于想象所进行的夸张描写，就像十几岁的孩子称三十几岁的人为大叔或老家伙一样幼稚。而导致夫妻冲突升级以至于分开的原因上，作者所设置的新生儿睡觉不安稳是因为父亲在家里，所以父亲不得不住到办公室去这一情节，都缺乏内在的生活逻辑。总之这个小说很大程度上是个刻意为之、先入为主、主题先行的概念化、时尚化写作的产物，做作的姿态显而易见。

这倒是和某些当红年轻小说家有着某种共同之处，时尚化、概念化、缺乏生活逻辑、一心只想赢得读者与市场以及文学奖评委的认可，似乎这个年代全世界的青年小说家们都在谄媚当下即得的利益。若欣赏和鼓励这一类东西，便是在走向与伟大小说的经典传统越来越远的方向与道路，小说迎合市场，写作主题时尚化，这样的文学写作终非正道。另外顺便说一句，这个用三个月写成的只有七万多字的作品严格说来也算不上一部长篇小说，在这个文学奖满天飞、获奖者遍地走的商业化时代，获得文学奖也并不说明获奖作品的品质有多高。

［奥地利］托马斯·伯恩哈德　著

马文韬　译　上海人民出版社

《我的文学奖》

　　这是我们还不怎么熟悉的一位作家，这是一本非常有趣的书。书中收录了九篇关于他在获得文学奖前后的琐事的回忆，三篇颁奖典礼上的讲话和一篇退出科学院的报告。他获奖无数却每每嘲讽、挪揄他所获之奖，与此同时他也没有忘了挖苦和检讨自己："我总是在想，在这方面我这个人性格的缺陷，我蔑视文学奖，但我没有拒绝。这一切都令我厌恶，但最令我厌恶的是我自己。我厌恶那些典礼，那些仪式，但我却去参加；我厌恶那些颁发奖金者，但我却接受他们的资金。""只有想到钱，才能让我忍受这些仪式；这是我在四十岁以前，不断造访那些古老的市政厅和无趣礼堂的唯一动机。"而到了四十岁之后，他宣布不再接受任何文学奖包括诺贝尔文学奖，以至于诺奖委员会为了避免被拒绝的尴尬，不敢考虑给他颁奖。他写出了各种文学奖背后发生的事情，这样的真相真是令人哭笑不得。

V.S. 普里切特《我家姑娘回家时》

［英国］V.S.普里切特　著

朱扬明　译　　上海文艺出版社

《我家姑娘回家时》

　　当代杰出的评论家詹姆斯·伍德称赞普里切特是"一个伟大的小说家"，同时又说"他是一个羞涩的英国点彩画家"。后一句话是针对普里切特在评论乔治·艾略特时关于伟大小说家的说法的，"除了天赋之外，首要条件是，心中要有宽广而专一的目标"，伍德的意思是说普里切特还不够专一，因为他干的事情太多了，记者、编辑、专栏作家、教授甚至情报人员，但这并未妨碍他成为"20世纪英国最伟大的短篇小说家"。是的，短篇小说家，相比之下，他的长篇小说似乎并没有获得更多褒奖，伍德把他算在具有幽默传统的英国喜剧类小说里了，这本精选集里的大部分篇章，都极具喜剧色彩，典型的如《幽默感》《我家姑娘回家时》等。突然想起鲁迅的一句话来："悲剧将人生的有价值的东西毁灭给人看，喜剧将那无价值的撕破给人看。讥讽又不过是喜剧的变简的一支流。"用这句话来说普里切特的小说倒也不错，当然还要补充一句，这样的喜剧与幽默读完之后，却并不轻松，如果笑，那也是一种"带泪的笑"。

王咸 著

中信出版集团

《去海拉尔》

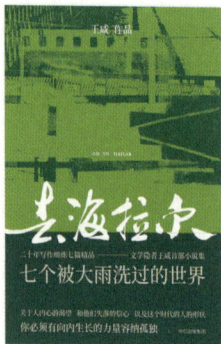

　　已经有很长时间了，我几乎不读当下的小说，除非是朋友的作品而且是亲自送我的。大概十几二十年前吧，进入不惑之年以后，我写过《我为什么不读畅销书》这样的文章，包括不读当红作家的作品。文学作品不是新闻与娱乐八卦，不是鲜鱼水菜，不必非要即时享用。四十年前我插队的地方，农民们有一句常说的话，我一直记得——"馍馍不吃，在笼里搁着呢。"我以为这很适合指称文学作品，放久了还不馊不霉不长毛不发臭，再读不迟，好东西肯定是经得起时间考验的。也许是这些年更多地沉湎于自己的阅读、思考与写作，感觉所谓的文坛已经飘在遥远的地方——当然以前我也不觉得它近多少，不过最近突然莫名地想到，要在阅读上消除这种隔膜与疏离感，于是找了一批当下的小说来看——当然是有意识地绕过那些整天开会、搞签售、做报告、领各种奖、出镜率高得像表演艺术家的当红作家。

　　处身于如此年代，在小说家里面，我偏爱不红的那一部分，我喜欢不红的作家，于是就发现了这个叫王咸的人。勒口上的介绍，说他写小说二十年，才选出这七篇结集出书，可见他是不红的。当然，也可能是我的眼目老花耳朵也背了，阅读偏于孤陋而且寡闻所致。不管怎么说，王咸在我看来不属于当红作家。收在这本《去海拉尔》里面的七部中短篇小说，似乎也不大具有红的特质。这些小说，归为短篇似乎都偏长了一些，算作中篇却又是短篇的本事，就像他小说里写的边缘人和边缘生活一样，可以叫作边缘小说吧。不过这也没什么，不重要。重要的是他写得好，他把城市边缘地带其实也是当下中国的边缘生活中的人物们的处境，写得丰饶而又克制、激烈而又冷静，他的表达中似乎有一种天生的隐忍、豁达与开阔，他显然把这些看似矛盾的东西不着痕迹地统一在一起了，从而成就了他独特的叙事态度。他对生活的观察和对人物、人心、人性的体察，细致入微，落实到文字上则细腻入味，甚至可以说太俭省了。他的小说的意思和味道原生、醇厚，同时又有着哲人似的透彻。他不以故事见长，我觉得他可能不屑于故事之巧妙与戏剧性冲突，他的故事看上去甚至是散漫随性的闲扯，却写得透辟又耐人寻味，尤其是他的令人吃惊的叙事耐心，从容不迫到了简直令人称奇的地步，我觉得这是一个杰出小说家的品质和才能，我以为他是可以写出迷人的却别有一种风格、风味与风情的长篇小说的人，对此我充满了期待。

王咸是个让我感到惊喜的小说家，就像前年读到谈波的小说，能够感觉到一种迷人的气息。读完这本《去海拉尔》，我又上网去搜了一下，暂时还没有发现他的其他小说。

[美国] 威尔斯·陶尔　著

陶立夏　译　　人民文学出版社

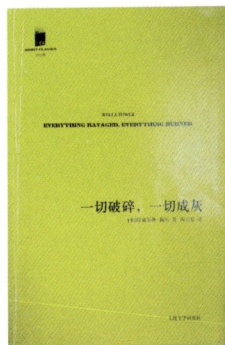

《一切破碎，一切成灰》

　　作者生于 1973 年，算是美国的"70 后"作家吧，《一切破碎，一切成灰》是他的第一部小说集。多次获得小说奖，入选《纽约客》2010 年度"四十岁以下的二十位新锐作家"。他对当下生活现实及人的存在感有着细致微妙的表达，在平常生活中展现了一个作家的敏锐，与那些整天谈论现实主义的作家相比，这个美国年轻人对现实的理解与表达真切而又深刻。我想，过于聪明的中国作家，也许需要的不是聪明而是单纯和质朴。

［德］威廉·格纳齐诺　著

丁娜　译　　上海人民出版社

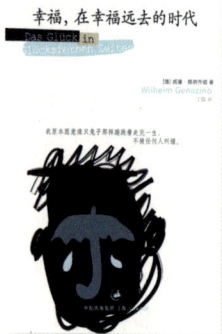

《幸福，在幸福远去的时代》

　　小人物、底层、爱情、女人，简单故事和复杂的人性与存在处境，和之前看到的《爱的怯懦》《一把雨伞给这天用》《女人，房子，一部小说》一样引人入胜。值得注意的是后三部都是十万字左右的长篇，把长篇写短而不是动辄数十上百万言，恐怕是做小说的人需要思考的现象与问题，现代小说的走向不是宏大而是精细以及人性与存在的深度。

[爱尔兰] 威廉·特雷弗 著

马爱农 译 上海文艺出版社

《山区光棍》

　　读过了几本特雷弗的集子之后，我有点喜欢这个爱尔兰老头了。确切地说，是越来越喜欢了。当然是他的短篇小说，与短篇相比，他的长篇就有点逊色了。也许是出自爱尔兰的传统吧，特雷弗的短篇，和他的前辈詹姆斯·乔伊斯一样，总是处在一种低沉阴郁的气氛之中，我不知道这和高纬度有关还是和民族精神有关。也和乔伊斯一样，特雷弗的短篇，属于另一个传统，不同于莫泊桑、都德的传统，也与欧·亨利的传统有很大差异。特雷弗的短篇，放弃了精巧构思、戏剧冲突这些属于故事法的东西，他甚至常常也会放弃故事。他更多关注的是人物的处境与微妙的心理状态，当读者真正能够进入他的小说的时候，就会着迷，被吸引并且欲罢不能，这魅力主要来自他从容而又细腻的叙述，不是讲故事，而是说那些小事情，做到这一点，非常了不起。很显然，他和代表俄国短篇小说传统的契诃夫非常接近，也许是因为他们都处于高纬度的寒冷气候当中？国内介绍特雷弗的文章，大多都会说到他是"爱尔兰的契诃夫"，这种译自国外的观点大致是不错的，但说到他的特色是写小人物——契诃夫就是写小人物的典范——我以为有点大而话之。就短篇小说这种文体而言，它本来就不是写英雄史诗或者大人物的文体，它甚至都不是写命运的最恰当的文体，它本来就属于小的故事、小的人物，即使它偶尔写了大人物，那也是大人物的小事情。特雷弗的短篇小说在我看来还颠覆了长期以来被我们视为创作要领的"塑造典型环境中的典型人物"这种空洞的、概念化的文学论调，他写的是常态生活、常态的人物，从生活中信手撷取的一些事情，没有丝毫的典型性，却是生活中难以逃避的生存的尴尬与无奈、痛苦与犹疑，以及处身其中的人的内心微妙的动态与变化。仅就这一点而言，特雷弗已堪称了不起的现代小说家了——"现代"，需要被强调，尤其在我们这里。总结一下我读了几本特雷弗的短篇之后的几点感受：1. 短篇小说可以放弃所谓精巧的构思，那样做太"文学"了，倒显得假；2. 短篇小说可以不通过制造戏剧冲突完成，或者说短篇小说完全不用这样干；3. "典型论"是做作的也是过时的；4. 生活常态和人的复杂的内心动态与变化是现代短篇小说更需要着力发掘和表现的东西。可以说，特雷弗是通过叙写常态生活从而抵达非常小说的短篇圣手。当下可以找到的特雷弗的短篇译本有《纸牌老千》《雨后》《出轨》和这本《山区光棍》。

[美] 韦恩·布斯 著

华明　胡晓苏　周宪　译　　北京联合出版公司

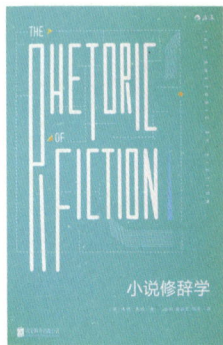

《小说修辞学》

　　对于小说家来说，小说理论家们讨论的问题，常常是做作、可笑而又不值一哂的。这本著名的教科书尽管被一再翻译翻印，似乎也逃脱不了这样的命运——在小说家这里，理论真是太灰色也太冷漠了，虽然布斯是个不错的庖丁，但他仍然是一个杀死小说的家伙。一个人在成为小说家之前，最好不要阅读这样的著作；而一个人在成为小说家之后，已经没有必要也大概不屑于阅读这样的书；即便不小心读过了，当然也搞清楚了几个理论要领，但他也只会撇撇嘴——意思是不值一哂。那么，这么著名的一本教科书几十年来到底被哪些人阅读而且影响了他们？他们因此写出好小说了吗？不知道！也许，他们后来都去谈论小说了吧。

X

西格弗里德·伦茨《默哀时刻》

西蒙·范·布伊《爱，始于冬季》

[德] 西格弗里德·伦茨　著

许昌菊　钟慧娟　译　　南海出版公司

《默哀时刻》

　　这篇讲述师生恋的《默哀时刻》，是一篇忧伤而又迷人的小说，但似乎也并不像介绍它的文章所说的那么出类拔萃，把面对爱情时青春的不安与怯懦微妙地呈现出来。当然，还是意外事故所暗示的生命的脆弱，然而，如果没有这个意外事故，故事也许会更有深度。此书收录的另一篇《州立剧团》则是一出滑稽剧，闹剧也许能让绝望的生活变得轻松吧，尤其是监狱里的人——不知道这是不是狱中的想象之作。

　　战后德国作家关心底层人民的状况是共同的，无论是格拉斯、伯尔，还是伦茨，但伦茨的传统现实主义特点更明显，然而，这种作品如果太贴近现实，很容易在时间的流逝中失去其在当时产生的文学力量，他的《激流中的人》在半个多世纪之后再看，难免让人感到虚弱。

[英] 西蒙·范·布伊 著

刘文韵 译 人民文学出版社

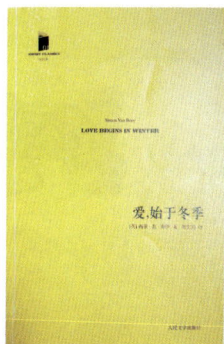

《爱，始于冬季》

　　作者是英国"70后"（1975年出生）作家，出版过两本短篇集子《因为。爱》和《爱，始于冬季》，第一部长篇《美，始于怀念》在2012年出版，在英国已经是知名作家了，而他本人目前却住在纽约。这本集子里的五篇小说，写得从容、干净、凄迷，透着优雅的忧伤，故事被他讲得像是自言自语，微妙的人际关系与人生起伏却埋在其中。他脱离了我们所知的经典短篇的模式，但意味却更加复杂丰富。

初恋总是诀恋
LE PREMIER AMOUR EST TOUJOURS LE DERNIER
TAHAR BEN JELLOUN
首位获得龚古尔文学奖的北非作家

IAN McEWAN
The Daydreamer
With Illustrations by Anthony Browne
梦想家波得
THE DAYDREAMER

Meine Preise
我的文学奖
Thomas Bernhard

THE RHETORIC OF FICTION
小说修

William Trevor
山区光棍
THE HILL BACHELORS

地下世界
Underworld
Don DeLillo

Schweigeminute
默哀时刻
Siegfried Lenz

幸福，在幸福远去的
Das Glück in
Wilhelm

YULIA RAGAYEV
Mechanical Engineer
耶路撒冷，一个女人
A WOMAN IN JERUSALEM

人体艺术家
The Body Artist
美国后现代主义小说大师

王威 作品
去海拉尔
七个被大雨洗过的世界

Alessandro
城
此
C

EVERYTHING RAVAGED, EVERYTHING BURNED
一切破碎，一切成灰

爱，以及其他
我们终会知道，除了爱情，我们还需要什么
LOVE, ETC.
Julian Barnes

脉搏
巴恩斯 作品
Julian Barnes

要一定给你个惊喜

Y

［以色列］亚伯拉罕·耶霍舒亚　著

金逸明　译　　人民文学出版社

《耶路撒冷，一个女人》

　　阿摩司·奥兹、大卫·格罗斯曼和亚伯拉罕·耶霍舒亚，被称为"以色列文学铁三角"，我不知道这种称呼应该如何理解，类似于我们的评论家喜欢说的"三驾马车"？或者什么"五大""十大"之类？但以我的阅读经验，在这种类似的称呼之下，总是会有些让人感到不以为然之处。或者这类称呼原本也并不具有合理的逻辑，或有论者以为它们不相伯仲、各有千秋，但于另外的读者则可能会有排序上的先后。就我有限的阅读体验来说，相比奥兹和格罗斯曼，亚伯拉罕·耶霍舒亚显得要稍微逊色一点——我是指对人性与存在的本质性表达上，前二位更加开阔和细腻，而耶霍舒亚则更喜欢采用奇异的故事，也过于政治化了，譬如这本《耶路撒冷，一个女人》。人事经理为将一个死在爆炸中的曾经的女员工送回她遥远的故乡安葬，展开一场"救赎"之旅同时也是一场奇异的情感之旅。小说的叙事堪称细腻但故事的推进却非常缓慢，作者不厌其烦的表述甚至让阅读时时都可能进入疲倦状态，这大概是因为作者对自己的故事存有极大的信心——不过比乔伊斯那本《芬尼根的守灵夜》强多了。作者似乎是个偏爱单线索的家伙，他的另一部小说《情人》也是如此。在他的小说里，战火中的耶路撒冷和民族隔阂是当然的背景，甚至是他许多小说的背景，《耶路撒冷，一个女人》来得更直接。奇异的故事虽然颇为迷人，但过于荒诞却多少让人感到有些牵强，这也许正是他略输于前二位的地方。不过也许是因为他的作品被译成中文的还不够多吧，他已经出版的十一部长篇小说，目前只见识了两部，更丰富的耶霍舒亚需要通过更多的作品来了解和认识。这本《耶路撒冷，一个女人》曾经被改编成电影《人力资源经理》因而影响广泛。这次人民文学出版社还同时出版了他的短篇小说集《诗人继续沉默》。此前 2009 年，上海译文出版社曾经出过他的小说《情人》，是"以色列当代文学译丛"中的一本。

［意］亚力山德罗·巴里科　著

周帆　译　湖南文艺出版社

《海上钢琴师》

　　巴里科的小说叙事简洁且有着童话般的迷人故事。《海上钢琴师》经由托纳多雷导演为电影后风靡一时，但小说和电影毕竟是两回事，通常经由小说改编的电影难免会让作家和读者诟病，但在我看来，《海上钢琴师》的电影要比小说更有意味；他的另一部小说《丝绸》则过于童话色彩了，未免有些单调，虽然讲的是一个成人的感情故事。据说他的小说在欧洲非常畅销，这个电台 DJ 出身的作家，太会讨好读者了。也许是个人气息不合，多年前读他的随笔集《用吉他射击的人》时就不大喜欢，巴里科的小说则显然是承继了意大利小说中薄伽丘、邓南遮那一路，而我更喜欢但丁、莫拉维亚、卡尔维诺和艾柯这一脉。阅读有时候很像是交友，有些人的气味是怎么也无法喜欢的。

［意］亚力山德罗·巴瑞科[①] 著

倪安宇 译 上海文艺出版社

《城市》

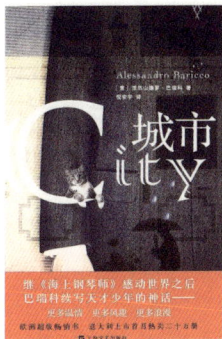

　　一本很特别的小说。有评家给贴上"后现代"标签，后不后的并不重要，重要的是好看有趣而且有创造力。巴瑞科（巴里科）生于 1958 年，是继卡尔维诺和艾柯之后，意大利当代作家中成就卓著且具有世界影响的作家，尤其难能可贵的是，他的小说既受欧洲各国文学奖的青睐，同时又非常畅销，属于"百花"与"金鸡"通吃型的作家。《华盛顿邮报》对《城市》的评价是：狂放不羁而优美抒情，……城市既充满了欢闹又包含着深深的忧愁。

---

　　① 亚力山德罗·巴瑞科，即亚力山德罗·巴里科。

［英］伊恩・麦克尤恩　著

黄昱宁　译　　上海译文出版社

《我的紫色芳香小说》

　　这本书可以说是专为麦克尤恩的粉丝们做的。小说家麦克尤恩在全世界拥有众多的粉丝，所以也只有他才会以纪念自己七十岁生日的名义出一本小说，也只有他才会用这种别致的方式给自己过生日，当然也只有他才敢这么干：把一部短篇小说，一个只有二十多页文字的故事弄成一本精致的书。但是一想到在我的印象里一直都是中年小说家的麦克尤恩都过七十岁了，我就觉得他想怎么干好像都是应该的，年龄和声誉都允许他这么干。我大概数了一下，这篇小说的中译本只有六七千字，麦克尤恩却写了两个小说家的一生——在人生跷跷板的两端，友谊和背叛，荒诞与滑稽，讽世与自嘲以及深藏不露的无耻。麦克尤恩是个技艺娴熟的小说家，他以一个短篇故事写出了一部长篇小说的容量，正因为如此，我不得不说他确实应该这么干，把六七千字的小说印成一部书。 中文版除了有英文原作，还附上了一篇关于麦克尤恩两部小说的访谈，这让这本书的厚度增加了不少，但也只有八十多页。不过，必须得承认，这是一本绝妙的书，一篇杰出的麦克尤恩式的小说。

[英] 伊恩·麦克尤恩 著

冯涛 译   上海译文出版社

《只爱陌生人》

　　麦克尤恩的小说《赎罪》很早就有中译本，只是在同名电影大噪之后，国内的读者们才关注到他，他的作品系列也才不断地被翻译、被提起、被谈论。《只爱陌生人》是一部关于人性关于性欲的奇特之作，它的奇特之处在于人性中的这一部分在我们的小说里还从来没有被表现过，理解它还是需要勇气与胸怀的，就这本小说而言，重要的不在于理解小说而在于理解人性以及人性中的奇特欲望。"恐怖伊恩"在这里告诉我们的，我们能否消化，或许并不简单的只在读小说的意义上。

[英] 伊恩·麦克尤恩　著

黄昱宁　译　　上海译文出版社

《甜牙》

　　麦克尤恩的这部小说把他的"过于娴熟的小说技术"展现得淋漓尽致。结构和叙述，这可能是间谍小说的本质，但这何尝不是长篇小说的本质呢？但是杰出的长篇小说又绝不止于此，这只是最基本的、是出发点和小说的更多可能性开始的地方，对人性的深刻探究和对现实的洞察力，在不乏诗意的叙述语言中把冷静和激情调制得如鸡尾酒般醇厚而又绵密，在这部小说里麦克尤恩全都做到了，这是"恐怖伊恩"和"智慧伊恩"的融合。《甜牙》貌似有一个间谍小说的叙事框架，但《甜牙》本质上又不是一部谍战小说，麦克尤恩只是利用这个框架实现了结构与叙述的极致性构思，他所着力的仍然是人性的复杂和对现实世界的批判，这不是一部可以归为间谍小说的类型小说，而是一部充满了叙事智慧的迷人之作。

［英］伊恩·麦克尤恩　著

郭国良　译　上海译文出版社

《儿童法案》

　　人性的深度在生活的背面，在阴影里。而麦克尤恩的魅力也正在这里。早期的"恐怖伊恩"的影子，似乎从来都不曾从他的小说里消失。在这本《儿童法案》里，他把生活的背面通过大法官的个人生活和大法官需要面对的案件有效地组织到一起，一个事业非常成功的女人和她生活的背面——阴影里的人性冲撞被作家如庖丁解牛一般细致而又深刻地剥开了。他用解剖刀呈现一个成功女人内心深处的痛与伤，是生活的，是感情的，更是人性的，都被置于道德与法律乃至宗教之间。这就是小说，而不是刻意写出这小说的什么意义。我联想到某些小说家，他们写的小说看上去太有"意义"了，而且那"意义"也太容易让人明白了，就像一个没什么城府的小孩子在玩阴谋并且自以为得计。麦克尤恩在英国被称为国民作家，大致有老少咸宜当然也太过畅销的意思，但比我们这里的一些纯文学作家乃至自以为先锋的作家，更纯文学，这无疑是一个讽刺。

［英］伊恩·麦克尤恩 著

孙仲旭 译 南京大学出版社

《梦想家彼得》

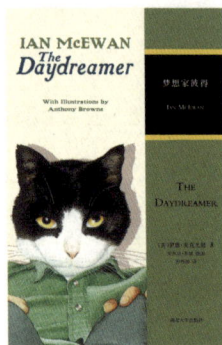

　　一本出自麦克尤恩之手的童书？乍一看到这本书的时候，我有些不大相信。当然，随之而来的是巨大的好奇心，伊恩·麦克尤恩一向善于把人性与人心的边缘地带纳入自己的小说叙事之中，而一本童书在他笔下会是什么样子呢？我觉得难以想象。买下这本《梦想家彼得》纯粹是出于这样的好奇。在序言中他说他会写一段给孩子读一段，看看孩子们的反应，他视之为和孩子交流的方式。开始阅读时，我以为这真的是一本与他的其他小说不一样的童书呢，但当我读完这本小书合上书本的时候，我发现这仍然是写在人心与人性边缘的一本小说，只不过这次的主人公，是十岁的孩子彼得而已。

［英］伊恩·麦克尤恩　著

冯涛　译　上海译文出版社

《水泥花园》

　　评论家们谈到这部小说的时候，总是喜欢拿姐弟乱伦来说事儿，但我看到的却是水泥花园里失去了父母的四个孩子的孤独、绝望、恐惧以及缘此而生的种种非常的反抗孤独、绝望和恐惧的行为方式，到了最后的姐弟同床，不过是这反抗中的极端方式之一。人性中微妙复杂的变化在麦克尤恩的笔下被细腻地表现了出来，我以为这才是这部小说的本意，同样我认为这才是现代小说的核心触点。仅就这一点而言，我们的小说家与之还存在差距，我们的一些小说总是在人性的外面转圈儿，喜欢宏大叙事，却少见进入人性的庖丁之笔。

［英］伊恩·麦克尤恩　著

夏欣茁　译　　上海译文出版社

《星期六》

　　麦克尤恩的小说，随着电影《赎罪》而在国内被大量译介并畅销，使得文学界的许多人有些醋意，总是想把他贬到畅销作家的行列里去，但他对人性的细微之处的细致观察、分析与细腻描写，其深刻程度并不亚于很多大师，只是他不太关注所谓"重大题材"、不着力于"宏大叙事"罢了。这本《星期六》把一个外科医生在一个普通的星期六的二十四小时的一切如庖丁解牛般地用解剖刀剖开，在我看来，这正是文学的而且是太文学的。把畅销与经典对立的简单二元思维，到了今天，在面对优秀作品时可以休矣！

［英］伊恩·麦克尤恩　著

黄昱宁　译　　上海译文出版社

《在切瑟尔海滩上》

　　人生如此无常，技巧如此高超。从新婚之夜切入，用八万五千字讲了两个人一生的故事。从个人生活与命运的描写进入时代风尚，但最终，时代却并不是那么重要，个人生活与生命的品质才是活着的本质与本相。麦克尤恩擅长把瞬间和一生巧妙地搭配在一本书里，就好像他那支笔既是显微镜同时也是望远镜似的，在这本书，切瑟尔海滩上的新婚之夜和两个人此后的命运是如此，在《星期六》里同样是把一夜的手术和一生的命运交织在一起。我想，这既是一种小说技术，同时也是一种人生原貌吧。一个瞬间影响一生，乃是生命真相。

[捷]伊凡·克里玛　著

崔卫平　译　　广西师范大学出版社

布拉格精神

THE
SPIRIT
OF
PRAGUE

Ivan Klíma

《布拉格精神》

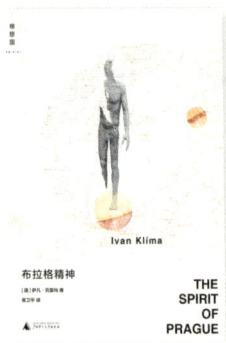

　　"我经常被问及正在写什么，但是至今没有人问我为什么写作。至今没有人问我那个最基本的问题：文学对我意味着什么，以及我如何理解这个概念。"这样的问题每个写作者都应该拿来自问，除了才华这种天赐之物，这是个更重要的问题：文学价值观的问题，它决定着一个写作者的方法论，同时也决定一个写作者能走多远，能写多深，能达到什么样的文学高度。克里玛在《文学和记忆》这篇文章里作了明确的回答，但他的回答只属于他个人，而我觉得他在用《布拉格精神》这样一整本书（无论是谈布拉格这座城市还是研究卡夫卡的写作）的篇幅在解决这个问题。相当多的成名作家，并没有思考过这样的问题，没有清晰的文学价值观，所以才导致他们行事方式的可疑和作品价值的虚弱，进一步追问，说得残酷一点，他们只是一些手艺工匠，一些靠堆集文字吃饭的人，一些技术也不怎么好的技术工人，作家或者诗人的称呼放在他们身上是可疑的，甚至是可悲的。

［捷克］伊凡·克里玛　著

徐伟珠　译　花城出版社

《终极亲密》

　　伊凡·克里玛和米兰·昆德拉、哈维尔并称为捷克当代文坛的"三驾马车"。与昆德拉不同的是，在遭受迫害的时候他没有离开捷克，他当时完全可以留在美国，他很清楚回国以后等待他的会是什么，但他还是回到了捷克。《终极亲密》是他六十五岁的作品，关于爱情、背叛、内心焦虑、灵魂与上帝的冲突。克里玛把一个普通的婚外情故事，写到了灵魂的最深处，甚至抵达了终极追问。书中主人公的日记中，有一段关于终极亲密的探讨：向上帝做祷告、和最亲密的人讲自己的梦、跟自己说话，而自己和自己说话才是真正的"终极亲密"。他的意思是，人的内心里有些秘密是不能对上帝和亲人说的，而他本人却是个牧师，这里的内心冲突几乎可以把人彻底摧毁。而这部小说更有意思的是它的结构与叙事方式，每一章都分别有八个部分：主人公的现在进行时的生活、主人公的日记（他的内心秘密）、主人公的现实（有时候是自述）、其他几个人物的现实生活、主人公的现实、其他四个和主人公有关系的人物、主人公的生活、书信（主人公的书信往还），在这种交叉叙述中，随着叙事视角的变换（作者视角、主人公视角、其他人物视角、书信与日记中的秘密），个人历史、内心冲突随着现在进行时的生活被一点点展开，所谓的"终极亲密"被我们看到。与昆德拉不同，政治在克里玛的小说里退为背景，他更多地着眼于人在正常生活状态下的生活与内心，在我看来，这是更了不起的，也离小说的纯粹更近。

［意大利］伊塔洛·卡尔维诺　著

倪安宇　译　　译林出版社

《巴黎隐士》

　　这是一本由卡尔维诺的妻子辑录他的文字而构成的自传。1985 年 9 月 19 日，六十二岁的卡尔维诺病逝，他还没来得及给自己写一本自传；他逝世后，他的妻子整理、辑录他的文章残篇、访谈以及他自己为自传准备的文字档案，勾勒了卡尔维诺大半生的文学生涯和思想历程，将有着传奇式的文学头脑的卡尔维诺呈现在我们面前。说这是一部特殊的自传也许更贴切——因其非为写作自传而成自传，那未经修饰的真实更值得期待。

[意大利] 伊塔洛·卡尔维诺　著

黄灿然　译　　译林出版社

《新千年文学备忘录》

　　这实在算不上一本新书。香港、台湾和大陆三地，早已有过几个书名有异的不同译本，而我书架上的《卡尔维诺文集》也收有此书，译名为《美国讲稿》。而买下这个单行本纯粹是出于对译者黄灿然先生的好感，他译的苏姗·桑塔格和英国小说《有话对你说》，都让我对他的译笔充满了喜爱与信任。比较《新千年文学备忘录》和《美国讲稿》两个译本，在一些重要用词的翻译上，黄译更有文采同时也更准确，譬如书末最后一段中，黄译为"变形"而萧译为"连续性"，结合上下文，显然"变形"更准确；而"连续性"则是拓扑学中的用法，偏于数理逻辑的科学用词而非文学的，前者显然才是卡尔维诺的本意。这本《新千年文学备忘录》确实是一部"美国讲稿"，1985 年，六十二岁的卡尔维诺受邀去哈佛大学的"诺顿讲座"，这正是他精心准备的讲稿，可惜美国之行尚未成行，他却因脑溢血离开了人世，这是他留给世人的最后文字，实际上是他为文学尤其是小说的未来写下的辩护词。"我对文学未来的信心，包含在这样一个认识中，也即有些东西是只有文学通过它的独特方式才能够给予我们的。"

[爱尔兰] 约翰·班维尔 著

王睿 译 上海译文出版社

《海》

　　《海》是 2005 年度英国曼布克奖的获奖作品。班维尔在这部仅十万字的小长篇里，讲述了一个关于遗失、寻找与回忆的故事。主人公为了摆脱妻子病逝带来的痛苦，回到了童年时曾经和父母度假的海边小镇，他又住到了当年住过的房子，他想通过撰写关于一位画家的艺术史著作来平复内心的伤痛。然而，童年记忆中的伤痛却与现实的伤痛交织纠缠在了一起，甚至让他陷入了绝望之中……班维尔写得忧伤缠绵、细腻到位而又简洁，不虚语言大师之称，尽管只是通过译本，我也能够感受到他诗一般的魅力。班维尔多年来一直都是诺贝尔文学奖的竞争者，同样是关于回忆与追寻之书，比起姿态大于描写的帕特里克的《暗店街》，班维尔的《海》就要丰满丰富得多了。

[美国] 约翰·厄普代克　著

陈新宇　译　　人民文学出版社

《父亲的眼泪》

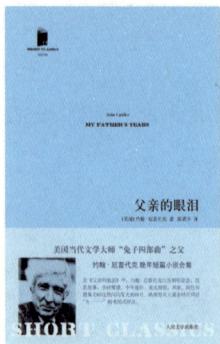

　　小说是时间的艺术，尤其是小说作者的生命时间的艺术，我的意思是，真正的好小说须得靠作者活到了一定境界才能写出。这部集子是"兔子之父"厄普代克晚年的短篇合集，他写得很短，薄薄的二百五十页，收录了十八篇小说；他写得已经"不像"小说，却有着优雅从容的迷人气质，好像在听一个老人诉说那些过往的生命中曾经认识的人们的细碎往事，我以为这是很高级的短篇小说的叙述状态。正像作者自己所说的："大多数时代，大多数人过的都是平常生活，认为小说是幻想和冒险的叙述，通常只是一种逃避策略，你只能美学地处理庸常和乏味。这是作家必须面对的一个事实。所以，我尽力从普普通通、模糊不清的美国人的日常生活中，炮制出有趣的叙述。"厄普代克的这些短篇，有着令人吃惊的存在之美。

[捷克] 约瑟夫·史克沃莱茨基　著

杜常婧　译　　新星出版社

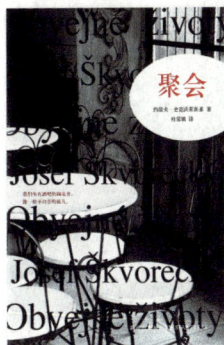

《聚会》

　　作者是流亡加拿大的捷克作家、出版家，在八十岁的时候写了这部小说，记录了两次同学聚会。一次发生在 1963 年，这些人毕业二十周年；第二次发生在三十年后的 1993 年，同样的地方，有些人已经不在了。这本书的结构，就是聚会现场和聚会引起的对往事的回忆。坦白说，这不是一本可以轻松阅读的小说，可以说是一部沉重的回忆录。作者生活的、经历的时代，正是从"二战"到苏联解体，跨越 20 世纪最重要的时期，而这些普通人的平常生活都在所有重要的社会变故与动荡之中；或许，有类似经历的人，读起来更能找到些共鸣之处。

麦克尤恩作品
Ian McEwan

儿童法案
The Children Act

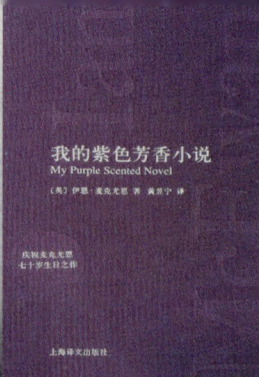

我的紫色芳香小说
My Purple Scented Novel

[英] 伊恩·麦克尤恩 著 蔺兴宁 译

我祝麦克尤恩
七十岁生日之作

上海译文出版社

麦克尤恩作品
Ian McEwan

星期六
Saturday

新千年文学备忘录
Italo Calvino

海
THE SEA

麦克尤恩作品

水泥花园
The Cement Garden

芬尼根的守灵夜

你的
奥尔加

麦克尤恩作品
Ian McEwan

只爱陌生人
The Comfort of Strangers

理想国

Ivan Klíma

布拉格精神
THE
SPIRIT
OF
PRAGUE

麦克尤恩作品
Ian McEwan

甜牙
Sweet Tooth

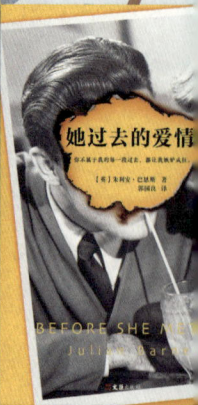

她过去的爱情

BEFORE SHE MET
Julian Barnes

麦克尤恩作品
Ian McEwan

在切瑟尔海滩上
On Chesil Beach

卡尔维诺自传
巴黎隐士

Ivan Klíma

终极亲密

美丽的
年轻女子

Jorge Moore

Z

[爱尔兰]詹姆斯·乔伊斯　著

戴从容　译　　上海人民出版社

《芬尼根的守灵夜》（第一卷）

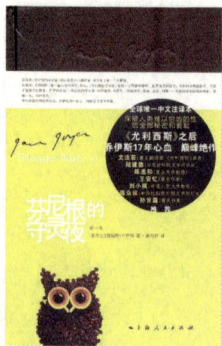

　　几经犹豫，最终还是下单买了这本"全球唯一中文注译本"《芬尼根的守灵夜》（第一卷），犹豫的原因不只是它高达一百二十八元的售价，更在于对自己会不会读完这本书有着深深的怀疑。我得坦率地承认，书柜里的《尤利西斯》至今也没有读完，只是有时候会翻翻，随意地看上几页，同样的，普鲁斯特的《追忆似水年华》也是如此，我把这种作品归类为"奇异的巨著"，它的探索与尝试对写作者有着难以抗拒的诱惑，同时也因其文字数量和阅读障碍时时令人望而生畏、拿起又放下，也许是我们还没有找到门径进入畅快的阅读状态吧。这本七百多页的中文版《芬尼根的守灵夜》（第一卷），排版左文右注，正文大字与小字交替，呈现了同一时刻人的现实和内心的不同状态，确实让阅读不得不停顿，阅读者也不得不在头脑里进行快速切换，也许作者认为他所表达的东西必须有这样的表达方式相配，而我们的阅读也就必须得跟随并且改变，但我们的习惯又是如此的顽固甚至无法调整，所以我不得不说，这大概是写给少数人的作品，同时又对更多的人构成了诱惑。但是如果不读或者不能完全阅读，为什么又要买这本书呢？有些书是用来翻阅和了解的，而另一些书可能是用来反复研读的，《芬尼根的守灵夜》对我而言，大概属于前者，它让我了解到小说的另一种可能性，它深入人性内部的方式以及展现的小说表达方式的无限可能性，让我相信并且知道必须尊重这样的选择：小说写作者完全不必考虑读者。在我自己则发展成为一种小说信念：一个杰出的小说家也应该写出一些在他自己生活的时代里无法出版之书。不为出版写作，或者说为不出版写作，可能才更加靠向伟大吧。

[英] 詹姆斯·伍德 著

蒋怡 译   河南大学出版社

《最接近生活的事物》

　　模仿一个流行句式，说我初读此书的感觉：爱读小说的评论家不会太差。其实这只是起点，一个文学评论家的起点。作者伍德是当下英语文学最杰出的评论家之一，不过这本小书并不是一本纯粹的评论著作，而是一个杰出评论家的阅读记录，或者说那就是一个评论家的成长。伍德的成长证明了，从迷恋阅读小说开始思考和研究小说的人，肯定会成为一个优秀的批评家——如果他有此想法，如果没有，他也是个在和朋友聊天时最出色的口头评论家；而我们这里，这样的批评家太少了，他们更在意理论而不是文本，他们的批评方式是用借来的理论的刀斧去切割作品，所以看起来总是那么蹩脚而且暴力。伍德在这本书里写他自己是如何读小说的，这其中其实包含着如何研究和评论小说乃至小说是怎样写出来的。以我有限的阅读来看，这是一本了非常不起的小书，它几乎可以和福斯特的《小说面面观》、昆德拉的《小说的艺术》、奥兹的《故事开始了》以及菲利普·罗斯的《行话》相媲美。在这本小书里，他顺手点出了一些关于小说的看法，譬如，"文学尤其是小说，允许我们从惯于隐瞒的积习中逃离出来……谎话（或是小说）被用来保护有意义的真相"；譬如，"宗教里的危险之处，恰恰是小说的构造肌理"。他也点出了文学批评的最美妙的方式，譬如，"批评在某种程度上意味着叙述一个有关你正在读的故事的故事"。而他自己的这本书，正是如此。与此同时，不得不说这本书的译笔之优美、迷人和准确，带给我一种久违的阅读译著的快感，让我感觉到是在读最出色的老一辈翻译家的译作，但是看介绍，译者蒋怡是生于 1985 年的年轻翻译家，这多少令我感到吃惊，我觉得这本译著大概称得上信、达、雅兼具了吧。

［英国］朱利安·巴恩斯　著

郭国良　译　　译林出版社

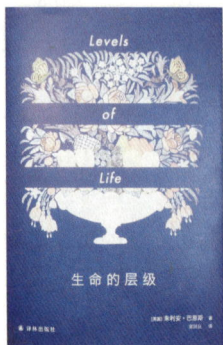

《生命的层级》

　　七十多岁的人也许身不由己地就到了回忆的年纪？巴恩斯晚近的写作似乎进入了这样一个高潮，《没什么好怕的》《生命的层级》等，如果说前者是刻意地回望和思考自己，那么后者就是不得不的怀念，因为他妻子离开了。"你把两个以前从未放在一起的人放在一起，有时世界会为之一变，有时则一切如常。他们也许会先坠毁后燃烧，抑或先燃烧后坠毁。但有时，某些新的东西会应运而生，世界随之改变。……两个人在一起远比独自一人美妙得多；他们在一起，看得更远，看得更清晰。""我们共同生活了三十年。我们相遇时，我三十二岁；她去世时，我六十二岁。这三十年，她是我的生之所在，心之所向。"阅读这本《生命的层级》的时候，我有一种奇怪的感觉，我觉得自己在欣赏一个人的丧妻之痛。一个小说家的丧妻之痛，终究是与常人有别，巴恩斯写丧妻之痛甚至也是小说式的，从高度之罪到深度之失，他把痛从天空、地面，一直写到心的最深处，最细微的伤痛言语和动作，最微妙的伤痛心理演变……我不敢再以为自己是在欣赏。他不只是在纪念亡妻，更是在思考人类的生命与死亡。他不只是在写自己的悲痛，更是在哀悼，是伤逝，更是怜生。这使我想到什么是所谓大散文，不是把历史文化堆在文字里，而是把生命中的爱与痛，死与哀，用文字庄严地摸排过去。巴恩斯把对妻子的哀歌写大了，或者说他把爱的大悲痛变成了生命的哀歌。《生命的层级》无疑是一部独特的大师文章。

［英］朱利安·巴恩斯　著

郭国良　译　　文汇出版社

《爱，以及其他》

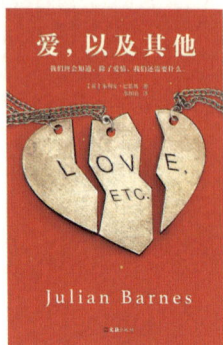

　　2018 年出版的这部小说，仍然是一部关于爱情中的背叛与复仇的故事，不过我觉得应该叫作"温柔的复仇"。十年前，斯图尔特的妻子吉莉安爱上了他最好的朋友奥利弗，在奥利弗和吉莉安结婚之后，斯图尔特离开英国去了新世界美国，他在那里换了不少工作，挣了些钱，并且有一段持续了五年的婚姻，但他心里其实一直没有忘记前妻吉莉安，于是在十年之后，发了些财的斯图尔特把他的公司开回了英国。奥利弗的事业一直很失败，几乎完全靠妻子修复艺术品的营生维持生计，他们有两个女儿，生活拮据甚至有些困窘。斯图尔特于是开始帮助他们，先是把自己原来和吉莉安生活时的大房子租给了这一家子，然后又把老友请到了自己的公司上班，到了后来，他几乎是这个家里的半个主人，而在这个过程中，奥利弗已经被折磨得精神出现了问题，最后斯图尔特终于和前妻发生了肉体关系。温柔的复仇几乎能把人逼疯，而谁是赢家却没有人知道。这部小说的叙述方式很特别，我称之为"独白式对话"或者叫"对话式独白"。整部小说完全靠人物的"自白"进行推进，三个主角和围绕着他们的几个相关人物，轮番叙述着往事与现场，尤其是对于同一件事情每个人的表达完全不同，甚至同一个人在不同时间点对同一件事情的表达，也完全不同，那么，这其中必有谎言，谁更可信？在面对复杂的本就不具有确实性的生活和情感的时候，事中人如何感觉和认识？我以为巴恩斯以"对话式独白"为传达人们的这种状态找到了恰当的表达方式。此书是巴恩斯出版于此前九年的另一部小说《尚待商榷》（*Talking It Over*，1991）的续篇，那部小说作为前传，讲述了斯图尔特、吉莉安和奥利弗三个人的三角恋，同样是三个人的独白，把这两部小说放在一起阅读，可能更有意思吧。

［英国］朱利安·巴恩斯　著

石雅芳　译　　译林出版社

《福楼拜的鹦鹉》

　　对于喜欢说故事并且强调讲好故事是写小说的不二法门的那部分作家和读者来说，《福楼拜的鹦鹉》算不算是一部小说都很难说，但在我看来，这是一部非常精彩的现代小说。它集合了传记、文学批评与研究、史实、虚构与想象，非常符合我对现代小说的理解：由作家创造的虚构的叙事性的文学综合体。当评论家们说它是一部奇特的小说的时候，我同时要说这是一部出色的小说。巴恩斯把事实上的福楼拜和福楼拜的小说打通了，他让作家与其小说浑然一体，从而完成了自己的小说。结构与想象都如此迷人，叙述流畅充满了趣味。称其为"后现代小说的一个典范"，一点也不过分。

［英国］朱利安·巴恩斯　著

郭国良　译　　译林出版社

《脉搏》

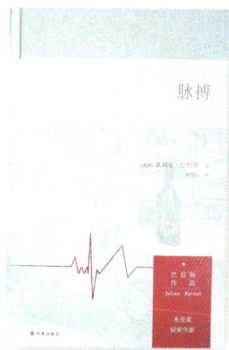

　　从欧·亨利式的情节至上到巴恩斯的状态呈现，是短篇小说演进的一个值得深思和研究的问题，它不单只是小说方式的转变，可能更多的隐含着人们对小说的期待的转变，和小说与其对应时代的生活之间的关系的转变。有论者称文学不需要进步，例证当然是不同年代的作品都一直在被后人阅读和欣赏，但我以为文学必须并且必然要进步，否则就没有不同年代的文学了，小说亦然，短篇小说尤其如此。巴恩斯的这本《脉搏》提供了一种思考短篇小说的参考文本，对于当下的、现在进行时的。

［英国］朱利安·巴恩斯　著

郭国良　译　　译林出版社

《柠檬桌子》

　　巴恩斯这本关于人生晚境的小说集子，呈现了少被关注的人性图景。有些篇目的丰富性，甚至堪比长篇小说，譬如《美发简史》，用一个人一生不同阶段的三次理发时的心理图像，把生命中隐秘欲望的沧桑变化表达得深刻而又迷人。面对衰老与死亡，性欲不再而情欲犹存，身体无能而情意绵绵，生命的意味只能靠回忆去追寻，人们要如何面对？巴恩斯将生命晚境中的留恋与绝望表达得惟妙惟肖。

［英］朱利安·巴恩斯　著

郭国良　译　　文汇出版社

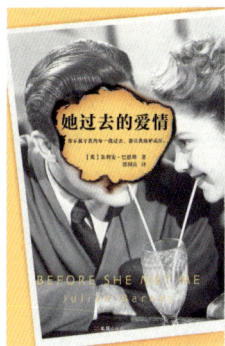

《她过去的爱情》

　　虽然很多评论家对《福楼拜的鹦鹉》非常推崇，但就我个人的阅读感受，《终结的感觉》无疑才是巴恩斯最好的小说，这并不仅仅是因为它获得了曼布克奖，更重要的是它对人内心的复杂状况的挖掘，让我们认识到，看似平常的那些确定无疑的对他人（哪怕是亲人）的看法与理解，实际并不可靠：我们以为的，常常并不是实际的状况。对人心的不确定性的挖掘，令人吃惊并且提醒我们需要不断地审视自己，《终结的感觉》是我近几年读到的最好的长篇小说之一。相比之下，这本《她过去的爱情》要逊色一些，这是一部关于一个嫉妒的丈夫的复仇故事。历史学家格雷厄姆发现了他年轻的第二任妻子以前出演的爱情电影，于是开始了怀疑和猜测，并且不断地追踪她的情史，在这个过程中他的嫉妒被不断推高，最终杀了他的朋友也是他妻子曾经的情人，然后自杀了。如果要给这部小说贴个标签的话，我首先想到的是"滑稽"，滑稽而且酸楚，如果需要再加一点，那还有"可笑"，但这一切却指向爱情。巴恩斯毫无疑问是捏造了男主的生活，夸张当然是实现滑稽的重要方法之一，他像娴熟的捏面人师傅一样玩着小说。这部出版于1983年的作品，是他的第二部长篇小说，虽然叙述过程中偶有转折的生硬，不过瑕不掩瑜，他作为一个杰出小说家无法掩饰的文学才能已经表现得淋漓尽致。从猜疑，到疯狂的嫉妒，然后走向极端的复仇，意外的结尾让我想到了英国当代另一位杰出的小说家"恐怖伊恩"时期的麦克尤恩。

[英国] 朱利安·巴恩斯 著

郭国良 译　译林出版社

《终结的感觉》

　　"我们多久才跟别人讲述自己的人生故事？我们又是多久会对其调整、修饰，甚至巧妙地删剔？年岁越大，周围挑战我们的讲述的人就越少，很少有人会提醒我们，我们的生活未必是我们自己的生活，而仅仅是我们讲述的关于人生的故事。是讲给别人听的，但是——主要是——讲给自己听的。"这是一本确定无疑的"记忆之书"：小说第一部，是主人公对自己少年和大学时期的生活回忆，主体则是大学时期一段短暂的恋情；到了第二部，主人公的晚年，一个意外事情让他再次走入记忆，这次是对记忆的审视，于是出现记忆与记忆之间产生杯葛的现象，进而，历史又是什么呢？"不可告的记忆与不充分的材料相遇所产生的确定性就是历史。"在小说人物之外，爱情、时间、历史是小说中隐藏着的另一些"人物"。这正是这部小说的迷人之处。对于这样一个重述关于青年时期一段恋情故事的小说题材，国内的同行们会写成什么样子呢？巴恩斯是英国当代著名作家，这部《终结的感觉》于2011年获得曼布克奖，他的从容、优雅、简洁而又迷人的叙事，是当代小说的一个典范。